엄마에게 가는 길

엄마에게 가는 길

엄마의 마지막을 함께하며 시작된 인생 수업

한명석 지음

사우

일러두기
도서명은 《 》, 영화·노래·그림 제목 등은 〈 〉로 표기합니다.

경기도 고양군 백석리
알미마을에서 태어나
나물 잘 뜯던 내 어머니
이순희 님에게

결국 우리 모두는 이야기가 될 것이다

_마거릿 애트우드

프롤로그

이제는 옛사람이 된
엄마에게 해드릴 일

딸이 엄마에 대해 쓴 책에는 무조건 손이 갑니다. 아들이 덤덤한 울타리라면 엄마와 딸의 관계에는 그보다 훨씬 복잡미묘한 무언가가 있어 보여요. 가끔 애증으로 뒤엉킨다고 해도 쉽사리 끊어낼 수 없는 이유는 엄마의 많은 것이 내게로 들어와 이미 내 것이 되었기 때문이겠지요. 엄마를 가장 애틋하게 기억하는 방법이 책을 쓰는 것이라고 생각하는데 그 시작은 10년도 더 전에 읽은 이경희의 《에미는 괜찮다》였습니다.

이 책은 농촌에 계신 노모와의 전화통화를 딸이 재구성한 것인데 깊은 감동을 받았지요. 그 어머니의 너그러움과 입담, 자립심이 어찌나 보기 좋은지 지혜롭게 늙어가는 모델로 삼고 싶었습니다. 평생 농사를 지으며 땅의 기운을 흡입한 할머니들 중에는 비슷한 분이 많을 수도 있는데, 이 어머니만 역사를 갖게 되었다는 사실이 감격스러웠습니다. 수많은 사람이 가뭇없이 사라져갈 때 이 어머니만 이야기 속에서 오래도록 살아남는다는 사실을 단단히 기억했습니다. 그때는 저도 엄마도 팔팔하던 때였는데도 말이지요.

2024년 12월, 90세 생신을 3주 앞두고 엄마가 돌아가셨어요. 가끔 불뚝거린 적도 있지만 제가 외모나 감성 모두 엄마를 많이 닮아 각별하게 지냈지요. 특히 엄마의 말년 5년 동안에는 속절없이 사위어가는 엄마에게 감정이입하여 나의 노년을 선체험하는 기분이었습니다. 내가 꼼짝없이 무력해진 다음에는 내가 나를 어쩔 수 없겠지만 그때 내가 받고 싶은 대우를 엄마에게 해드리고 싶었어요. 마침내 내가 나를 돌보는 듯한 착각에 빠질 때도 있어서 임사체험을 제대로 했습니다. 집집마다 고령자가 숨 가쁘게 마지막 숨을 고르고 있는 이 시대에는, 고령자를 돌보는 모습이 〈피에타〉로구나, 속으로 부르짖은 적도 있고요.

90년에 가까운 생애가 사라졌는데 세상은 달라진 것이 없네요. 달라진 것이 있다면 내가 삶을 바라보는 태도라고 할 수 있겠네요. 엄마의 죽음은 이 삶에 끝이 있다는 소문을 명명백백한 팩트로 끌어다 코앞에 놓아 주었습니다. 그 사실 하나만 잊지 않아도 시간 허비하지 않고 애먼 길로 가지 않으며, 담대하게 하고 싶은 일에 도전할 수 있을 것 같아요. 어느 순간 1초는 2초로 이어지지 않는다는 것을 알게 되자 '마지막 잎새'를 바라보는 소녀라도 된 양, 아니면 영혼이 되어 두고 온 세상을 보는 듯 구는 폐단이 있지만 '지금 여기'를 몇 배로 누리려고 합니다. 이다음 엄마를 만났을 때 부끄럽지 않도록 정말 잘 살아야겠다는 생각도 하고요. 이런 어린애 같은 생각을 그냥 수사가 아니라 경건하게 만들어주는 것이 엄마라는 존재이지요.

이렇게 달라진 내 모습을 엄마에게도 말해주고 싶었습니다. 엄마와 지낸 시간, 엄마의 말 한마디가 더 흐려지기 전에 기록도 하고 싶고요. 딸뿐만 아니라 아들 중에도 엄마와의 인연을 애틋하게 기록한 사람들이 많습니다. 박희병의 《엄마의 마지막 말들》은 말년의 어머니가 하신 말씀에 빗대어 단상을 기록했는데 조용히 행동으로 실천하는 '몸갚음'이 대단했습니다. 20여 년간 매주 토요일마다 부모님 댁에 가서 식사를 같이 할 정도로 웅숭깊은 저자가 요양병원 의사와 구체적인 투약 성분까지 논의하는 대목에서는 한숨이 나왔습니다. 저는 조금도 그렇게 하지 못했거든요.

저는 언제나 책에서 배우는 사람이어서 엄마가 돌아가신

뒤에도 책부터 집어 들었습니다. 그런데 전에 비해 느낌이 하늘과 땅 차이네요. 상황을 좀 더 구체적으로 알게 되어 글쓴이의 감정이나 처신에 생생하게 감정이입을 하게 되는 거예요. 70대에 독한 암을 만나 고통에 몸부림치는 분을 접하면 구순에 이르러 고통 없이 잠든 내 엄마의 죽음이 축복에 가까웠다는 생각이 드는 것처럼 저는 책을 읽으며 엄마의 죽음을 받아들일 수 있었습니다. 몰라서 못 한 일에는 깊이 탄식하기도 하지만, 그나마 해드린 일에는 정말 다행이다, 가슴을 쓸어내리며 죄책감에서 벗어나게 되고요.

제가 그랬듯이 읽는 것은 고즈넉한 애도를 가능하게 해줍니다. 한발 나아가 글로 쓴다면 의미가 더욱 깊어지지요. 글은 솜씨로 쓰는 것이 아니라 이 말을 꼭 하고 싶다는 간곡함으로 쓰는 것이기에 엄마에 대한 글은 누구나 쓸 수 있습니다. 제가 위로를 받은 책들, 그리고 제 이야기를 통해 그대가 엄마에 대해 글을 쓰고 싶어졌으면 좋겠습니다. 생판 모르는 사람들의 이야기가 나에게로 와서 한없이 다정하게 스며드는 것을 느낄 때면, 나와 엄마의 시간도 그렇게 너울대며 달빛 속으로 흘러갈 것만 같네요. 어디로 영영 가버리는 게 아니라.

엄마의 죽음은 나와 죽음 사이에 놓여 있던 둔덕이 사라지는 일이라 이제 죽음은 성큼 내 일로 다가왔습니다. 저는 가끔 엄마가 그리워서 우는 것이 아니라 언제고 사라질 내가 믿기지 않아서 우는 것이 아닌가 하는 생각이 든답니다.

말년의 엄마를 돌보며 제가 겪을지도 모를 나의 극노년을 선체험하는 기분이 들었다고 했지요. 한 번 가본 길이라 오래 살고 싶다는 욕심이 흐려졌고, 훨씬 담대해졌습니다. 인간의 마지막이 정해져 있다면 엄마처럼 순응적으로만 살 이유는 없지 않을는지요. 저는 엄마를 보내며 내 마지막 이야기는 엄마와 다르게 쓰고 싶어졌습니다.

엄마!
이 모든 것이 엄마의 꺼져가는 숨결에서 받은 선물이에요. 저는 엄마처럼 엄마 노릇을 다하지도 못했으니 나다운 삶을 사는 것으로 대신할까 해요. 엄마에 대한 책을 쓸 수 있어서 너무 기뻐요.

둘째 딸 명석 올림

차례

★ 프롤로그 — 8
이제는 옛사람이 된 엄마에게 해드릴 일

1 _ 입원한 엄마와 연애를 시작하다

묶인 손을 뻗쳐 내 손을 잡으실 때 … 21
같이 늙어간다고 너무 잔인했나 … 27
살면서 이런 장면까지 올 줄은 몰랐어 … 31
○ **함께 읽고 싶은 책: 《천 일의 순이-치매 엄마의 죽음 맞이》** … 37

2 _ 요양원 옆 모텔에서 열흘 살기

"엄마, 내일 또 올게"라고 말할 때 … 47
"둘째딸 학교 어디 나왔어?" 놀이 … 53
엄마의 삶을 맘껏 인정하고 칭송하기 … 57
○ **함께 읽고 싶은 책: 《엄마의 마른 등을 만질 때》** … 62

3 _ 요양원에서 가장 행복했던 순간

마지막의 마지막까지 남아 있는 사랑 … 73
늙은 어미가 피식 하고 세 번 웃을 때 … 85
엄마를 위한 색소폰 연주회 … 90
○ **함께 읽고 싶은 책: 《엄마는 죽을 때 무슨 색 옷을 입고 싶어?》** … 95

4 _ 엄마, 죄송해요!

생애 마지막 노동을 우스워하다니 … 105
공연히 쌩까고 지랄하던 시절 … 110
"누군지 몰라도 나 좀 데려가" … 116
○ **함께 읽고 싶은 책: 《멀고도 가까운》, 《시즈코 상》,**
  《글 쓰는 딸들》, 《어머니를 돌보다》 … 121

5 _ 엄마의 말을 들어드리다

서로의 얼굴을 오래 바라보자 일어난 일 … 133
완벽한 대화 … 137
산다는 것은 누군가 내 이야기를 들어주는 것 … 142
○ **함께 읽고 싶은 책: 《엄마의 마지막 말들》** … 148

6 _ 그때가 마지막 순간인 것을 알아차릴 수 있다면

아무렇지 않은 날, 문득 전화는 온다 … 159
엄마의 꺼져가는 숨결에서 받은 선물 … 163
죽음으로 생애가 끝나는 것이지 관계가 끝나는 것은 아니다 … 169
○ **함께 읽고 싶은 책:《다만 죽음을 곁에 두고 씁니다》,**
《엄마와 함께한 마지막 북클럽》,《작별 일기》 … 174

7 _ 엄마의 죽음이 슬프지 않다

인생의 바닥을 보고 나니 … 187
이 시대의 '피에타', 급기야 엄마를 '울애기'라고 부르다 … 191
세상에서 가장 잔인한 수업 … 196
○ **함께 읽고 싶은 책:《모리와 함께한 화요일》,《어떻게 죽을 것인가》,**
《숨결이 바람 될 때》 … 203

★ 참고 도서 — 221

1

입원한 엄마와 연애를 시작하다

묶인 손을 뻗쳐
내 손을 잡으실 때

요양원에 3년 반 계시는 동안 엄마가 안 좋으시다는 전언을 세 번 받았다. 2024년 4월 초, 4월 말, 그리고 11월 말일. 처음 그런 연락을 받았을 때는 가슴이 벌렁거리고 다리가 후들거렸다. 그때부터 눈에 띄는 모든 것이 엄마 같았다. 콜택시 기다리며 집 앞에서 서성이다 본 딸기꽃은 소박하고 청초한 모습이 순한 엄마를 닮았다. 흘러내리는 비탈에 가까스로 핀 민들레도 엄마 같고, 시들고 뭉개져 떨어질 때만 기다리는 홍매화도 엄마였다. 터미널에 가니 처연한 진달래는 물론 하얗게 불타오르는 조팝나무가 그랬다. 붉으면 붉은 대로, 하얀 꽃은 또 그대로 모두가 이승에 대한 절절한 그리

움 같았다. 내가 도착하기 전에 일이라도 벌어질 것처럼 벌벌 떨며 나는 어쩔 줄을 몰랐다.

정신없이 달려온 것에 비하면 상황은 괜찮아서 그새 엄마는 평소 상태를 회복하셨다. 심지어 원장이 가까운 공원에 엄마를 모시고 나가도 좋다고 해서 헛기운이 빠졌지만, 기꺼이 산책을 나간다. 엄마를 모시고 나가는 세 번째 산책이다. 절정이면 좋았을 텐데 벚꽃은 다 지고 시들기 시작한 자목련 한 그루가 어지럽다. 유품으로 갖고 있는, 돌아가신 지 25년이 넘은 아버지의 장갑이 보이기에 들고 왔었다.

"엄마, 아버지가 끼던 장갑이야. 한양교 장갑이야."

비감 어린 낭만을 표출해도 무표정하시더니 서너 살로 보이는 동네 아이를 따라 고개를 30도는 돌리신다.

두 번째로 연락을 받았을 때는 정말 일 나는 줄 알았다. 호흡곤란이 와서 입원시켜드리려고 며느리가 모시고 다니는데 두 군데 병원에서 연명치료를 안 할 거면 받을 수 없다고 거절을 당했다고 했다. 심지어 한 곳에서는 이대로 나가면 곧바로 사망하니 자기네 병원은 잘못이 없다는 각서까지 쓰게 했단다. 그렇게 겨우 찾은 요양병원 한 곳에서 그러나 엄마는 기사회생하셨다. 놀랍도록 정상이었다. 가끔은 까무룩 잠만 자기도 했지만 낮에는 깨어 있고 밤에는 주무셨으며 무엇보다 정상적인 대화가 가능했다.

나훈아 알지?
알지 그럼.

왜 그렇게 잠만 자?
그럼 어떻게 해.

엄마! 마트 갔다 올게.
다녀와.

알츠하이머 판정을 받은 지 3년인데 이 정도로 총기가 있으시다니! 딸들이 달라붙어서 말을 걸고, 안정감을 드린 것만으로 시곗바늘을 돌릴 수 있다니, 너무 빨리 시설로 보낸 것이(차마 '모셨다'는 표현을 쓰지 못하겠다) 죄송하고 한스러웠다. '버림받았다고 느꼈을 때 노인은 죽음을 선택한다.' 어디서 읽은 문장이 떠오르며 전후 사정이야 어쨌든 요양시설이 현대판 고려장임에 틀림없다는 생각에 진저리가 쳐졌다. 보름 입원해 계시는 동안 다른 형제들이 사흘 교대해주고 내가 12일 있었다. 그때 엄마와 함께한 시간은 오롯한 축복이었다.

5월 2일 새벽 2시, "명석아, 명석아!" 하는 소리에 잠을 깼다. 왜 그러냐고 물으니 오줌이 마렵단다. 오줌 타령을 하는 것은 지극히 정상이라는 얘기이다. 소변줄과 기저귀를 하기 전의 의식인 거다. 지금은 밤이라고, 주무시라고 이마를 쓸어드리니 곧바로 잠이 드신다. 주로 내가 눈에 보이니 나를 기억하셨다는 것은 단기기억에 문제가 없다는 거고, 어린아이처럼 나를 의지하는 마음이 느껴져서 가슴이 시렸다.

입원 기간을 통틀어 네 번 엄마가 묶인 손을 뻗쳐 내 손을 잡으셨다. 콧줄(비위관)로 공급하는 유동식 '뉴케어'가 내려가는 것을 보느라 침대 옆에 서 있어 가능한 일이었고, 요양원에 가신 뒤로 가장 적극적인 감정 표시라서 놀란다. 고맙고, 좋으신 거다. "왜요?" 하고 물으니 "그러게" 하시던 대답이 나중에는 "이뻐서"로 바뀌었다. 그럴 때면 새끼고양이처럼 온몸으로 기대어오는 모습에 한없이 행복하고 또 그만큼 억장이 무너졌다.

(환자가 콧줄을 잡아 빼면 다시 끼우느라 본인이나 의사 모두 고생이므로 콧줄을 한 환자는 양팔을 침대 난간에 묶어 놓는다. 그 모습을 보고 처음에는 너무 기가 막혀서 비참하다는 생각까지 들었지만 엄마가 워낙 마르고 움직일 기운이나 의지가 없어 보여 정상인을 기준으로 여기면 안 되겠다는 생각으로 차츰 바뀌었다.)

간간이 기억이 돌아오면 자식들에게 버림받았다는 의식이라도 있었던 걸까. 정신이 또렷하진 않아도 평생 애면글면해 온 자식들 곁이 아닌 건 분명하니까. 그래서 다시 딸의 돌봄을 받는 것이 이렇게 좋으신 걸까? 그런 생각이 들 정도로 엄마는 내 간호를 온몸으로 받아 안았다. 뜻하지 않게 과분한 대접이라도 받는 사람처럼 수줍은지 예뻐지기까지 하셨다. 반달눈을 하고 배시시 웃는 모습이 너무 고와서 아직도 가슴이 철렁한다. 언제까지나 기억하고 싶은 모습이다. 엄마는 순하고 혼자 일어나지 못하니, 내가 마트나 식당 출입을 하기도 용이해서 지낼 만했다.

이렇게 좋아하시는데 한 달이라도 채우고 싶었는데 생각에서 그치고 말았다. "엄마, 텃밭에 이것저것 심고 또 올게" 하고 인사를 하는데 눈물이 펑펑 쏟아졌다. 얼마 뒤에 복귀

하신 요양원으로 면회를 가니 엄마 얼굴이 달라졌다. 사랑에 빠진 처녀처럼 애달프던 미소가 사라지고 덤덤하고 무심한 얼굴로 돌아간 것이 너무 가슴 아팠다.

그때 입원 기간을 최소 한 달이라도 채웠어야 했다. 그로부터 6개월 반 후에 엄마는 돌아가셨다. 겨우 보름 만에 엄마에게서 봄 처녀 같은 미소를 빼앗은 것이 두고두고 한이 되게 생겼다.

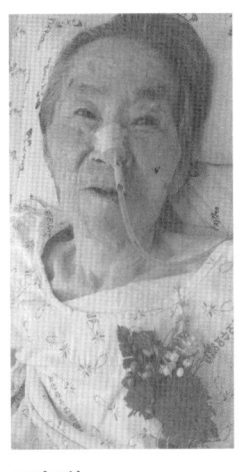

24년 5월,
보름간 입원하셨을 때
반달눈을 하고 수줍게
웃으시는 모습.

필자와 엄마(왼쪽).
필자가 10살쯤 되어 보이니
엄마는 불과 30대 초.
손가락까지 어여쁘다.

같이 늙어간다고
너무 잔인했나

병실이 4인실이나 6인실이었더라면 많이 괴로웠을 것이다. 12일이나 엄마 옆에서 지내지 못했을 것이다. 다른 병실은 복도를 지나며 옆눈으로 보는 것만으로도 숨이 턱 막히는 것 같았다. 그 정도로 침대 사이 간격이 좁았다. 병실마다 대부분 조선족인 간병인 1인이 6인의 환자를 돌볼 수 있도록 꽉꽉 채워져 있었다. 돈을 벌기 위해서는 한 사람이 여섯 명도 돌볼 수 있는데 가족이 제 부모를 돌보기가 이토록 어렵구나, 착잡했다.

우리는 넓은 병실을 2인이 썼다. 다른 환자는 스무 살의 여성으로 지적장애인인데 말을 못 하고 괴성을 질러댔다.

골절로 입원했다는데 덩치가 커서인지 데시벨도 엄청났다. 나중에는 다친 데가 나았는지 묶어 놓은 줄을 풀고 일어나 소리 지르며 뛰쳐나가는데 헐크가 따로 없었다. 나는 보호자이고 그 환자의 간병인은 파견한 곳이 달라서, 병원에서 직접 관리하는 간병인과 구분을 해 놓은 것 같았다.

엄마를 돌보는 일은 조금도 힘들지 않았다. 콧줄로 물과 영양식과 약을 투입하는 일에 곧바로 익숙해졌고, 씻겨 드릴 때는 다른 형제나 같은 병실의 간병인이 도와주었다. 재잘재잘 옛날 일을 이야기하거나 엄마의 생애를 인정하고 칭송하는 일도 면회에서 늘 하던 일이었다. 엄마도 말문이 터져서 새록새록 문장이 길어지고 표정이 차분해졌다. 시설에 가시기 전인 3년 전의 총기를 회복한 모습에 시간을 되돌리기라도 한 것처럼 감격스러웠다. 나는 병원 밥을 신청하지 않고 나가서 먹었는데 작은 회사가 밀집한 곳이라 맛집이 많아서 골라 먹는 재미가 있었다. 병원에서 자며 식당을 찾아다니는 일이 자주 있는 일은 아니라 꼭 여행 온 것 같았다.

무엇보다 엄마의 상태를 깊이 알게 되었다. 맥락에 맞게 언어로 반응하는 데는 별문제가 없고, 시간 개념은 허물어진 것을 이해했다. (치매 환자는 시간, 장소, 인물의 순으로 기억이 허물어진다고 한다.) 워낙 밀착되어 있다 보니 엄마의 사고수준이 어느 정도인지 궁금해져 테스트를 해본 적도 있다.

"엄마, 나 병실에서 신을 쓰레빠 하나 사 올게" 하는 말에 "응, 다녀와" 하도 대답을 잘하시기에 짐짓 "엄마 쓰레빠도 사 올까?" 물어보는 식이다. 엄마는 아무런 대답도 하지 않았다. 반면에 젊어서 친하게 지내던, 소식이 끊긴 지인이 성격이 좋았다고 말을 붙이면, 지금도 좋다고 대답하는 식이었다.

그때의 경험 덕분에 이후에 면회 갔을 때 자신 있게 소통을 시도할 수 있었다. 노화와 죽음에도 성큼 다가섰다. 그전에는 생각만 해도 두려워서 노화나 죽음이라는 말을 입 밖에 낼 수도 없었는데 너무 힘들지 않게 직면할 수 있게 된 기분이었다.

내가 있는 동안에 그 병원에서 한 명이 죽어 나갔다. 같은 병실에 있던 젊은 사람의 불운이 안된 거지 구순의 엄마를 너무 슬퍼할 이유가 없었다. 심지어 나도 이미 단명은 아니지 않나. 그렇게 엄마를 통해 인생 수업을 할 수 있었다.

엄마는 가끔 집에 가자고 하셨는데, 엄마 집이 어디냐고 물으면 "골치 아프게 따지지 말고 그냥 가자"라고 하신다.

그날도 집에 못 가냐고 하시기에 아주 가까운 사람만이 던질 수 있는 질문을 해보았다. 속마음은 엄마가 죽음에 대한 두려움을 갖고 있는지 알고 싶어서였는데 기본적인 인식은 예스, 그 정도가 얼마나 심한지는 알 수 없는 노릇이었다.

엄마: "집에는 못 가?"
나: "집에 가면 죽어야 하는데 그래도 갈래?"
엄마: (고개를 도리도리)

전에 우리 집에 계실 때 죽음을 가지고 농담을 한 적도 있다. 초저녁에 한숨 주무시고 눈을 뜬 엄마가 하도 낯설고 황망한 표정으로 지금이 몇 시냐고 하기에 "이제 여덟 시야. 엄마 아직 안 죽었어" 해 놓고는 오해하면 어떡하나 긴장하는데 농담을 알아듣고 피식 웃어주어서 좋았다. 그때 죽음을 가지고 웃고 나니 그까짓 거 하는 기분이 되어서 살짝 놀랐다.

살면서 이런 장면까지 올 줄은 몰랐어

모텔에 대해 수상쩍은 인상을 거둔 것은 《요가 매트만큼의 세계》라는 책을 읽고 난 뒤였다. 모텔에서 요가도 하고 리포트도 쓴다는 대목을 읽고 나서, 가끔 엄마를 뵈러 갈 때면 모텔을 이용하기가 훨씬 편안해졌다. 우연히 고양시 백석역 주변에서 발견한 모텔이 깔끔하고 세련되어서 자주 이용했는데, 5만 원에 이게 가능한가 싶을 정도로 가성비 최고였다. 곡선형의 커다란 모니터가 고급스럽고 더블베드를 하나 더 놓아도 될 정도로 공간이 넉넉하다. 앞의 책에서 저자는 모텔 방에서 아무것도 건드리지 않고 요가 동작을 하는 것이 목표라고 했는데 그곳을 소개시켜 주고 싶을 정도였다.

침구와 수건이 깨끗한 것은 기본.

가족이 교대해주어서 며칠 만에 세상에 나오니 휴가 나온 군인처럼 모든 것이 신기하고 모든 것이 새롭고 촌음이 아까웠다. 가슴 철렁하게 아름다운 녹음 속에 천천히 걸었고, 처음 보는 풀꽃을 한참 동안 들여다보았다. 네가 우주로구나, 오직 살아 있어야만 볼 수 있으니 네가 천하의 걸작이로구나…. 맛있는 음식을 먹고 쇼핑도 했다. 푹 쉬었다 가려고 다음날 아침거리까지 산다. 이게 전부인 것이다. 엄마가 하나도 하지 못하게 된 일, 내가 아직은 활개 치며 누릴 수 있는 모든 것. 이제 아주 단순한 일상도 더이상 단순할 수가 없었다.

이제 아무것도 당연하게 생각하지 않으리라.

아무것도 기대하지 않고 그저 주어지면 감사하리라.

오직 살아 있음을 향유하리니,

미친년처럼 웃고 떠들며 뛰어다니리라.

요양병원에서의 생활이 이렇듯 만족스러웠으므로 아예 요양원이 아닌 이곳 요양병원에서 계시게 하면 간병인과 교대해가며 면회라도 실컷 하고 좋겠다 싶었는데, 스쳐가는 생각에 그쳤다. 엄마를 생각하는 마음은 분명한데 기본적인 문제까지 터치하기에는 나의 심적 신체적 경제적 에너지가 모두 부족했다. 형제들의 동의와 협조를 이끌어내야 하니 사회적 에너지까지 더해야 하려나.

결국 한 달도 못 채우고 보름 만에 원래의 요양원으로 가시게 된 것은 두 가지 이유에서였다. 제일 괴로운 것은 엄마가 먹을 것을 찾을 때였다. 눈을 붙였다 뜨면서 "밥 좀 줘" 하실 때면 미안하고 불쌍해서 눈물이 펑펑 쏟아졌다. 당시 콧줄을 낀 지 한 달쯤 된 때였는데 유동식을 하루에 네 캔 흡입하셨을 뿐 음식을 맛보지 못하고 계셨다. 너무 안타까워 간호사에게 물어보니 본인의 침으로도 기도가 막힐 수 있다고, 식사를 드시게 하려면 대학병원에 가서 연하검사를 해야 한다는 의례적인 대답이 돌아올 뿐이었다.

마트에서 봉지에 든 삼각 커피우유를 보는 순간 반가움에 사 들고 와서 "이거 생각나? 엄마 젊어서 목욕하고 나면 꼭 이거 먹었었잖아" 했을 때 엄마는 고개를 끄덕이며 입맛을 다시기까지 했다. 안쓰러운 마음에 작은 요플레 숟가락으로 두세 번 떠먹여 드리니 아기 새처럼 받아드시는데 절박한 기운이 느껴진다. 하지만 이건 위험천만한 행동이다.

옛날처럼 노인들을 집에서 모시는 경우라면 이 마당에 잡술 수 있는 만큼 드렸겠지만 지금의 나에겐 큰 병원에 가서 연하 검사를 해 드릴 여력이 없다. 먹는 것이 얼마나 달콤하고 집요한 즐거움이요, 기억인지를 아는 만큼 드실 수 있는데도 못 드리는 마음이 괴로웠다. 물이나 커피우유를 두세 번 떠먹여 드리면 더 달라는 말도 없이 수그러드는, 끝까지 순한 엄마가 더 안타까웠다. 더 있다가는 자꾸 엄마에게 음식을 드리게 될 것 같은 두려움이 첫 번째 합리화였다.

두 번째 합리화는 좀 더 미묘한데 변을 너무 잘 보시는 거다. 걸쭉한 두유 같은 유동식만 드시고 어떻게 달걀 크기의 단단한 변을 보시는지, 지금 상태가 좀 더 길어질 수도 있겠다는 생각이 들었다. 지치지 않으려면 무리하지 말아야 했다. 딸하고 있는 것을 이렇게 좋아하시는데, 두 번 다시 이런 기회가 없을 수도 있는데…. 생각이 꼬리를 이었지만, 그렇게 두 번째 합리화를 해버리고 말았다.

내가 워낙 잡식성이라 하루에 한두 번은 나가서 먹고 나머지는 간식으로 때워도 문제가 없었다. 한번은 보조 침대에 앉아 참외와 맛밤을 먹고 있었다. 엄마의 콧줄로 '뉴케어'를 투입하고 있었으므로 얼마나 내려갔나 고개를 돌려 쳐다보는 순간 나를 빤히 쳐다보고 있는 엄마와 눈이 마주쳤다. 이삼 일씩 상태가 좋았다 나빴다 하는데 그때는 고개를 움직일 수 없을 정도로 컨디션이 좋지 않을 때였다. 그런데도 고개를 돌려 똑바로 나를 쳐다보는 엄마와 몇 번이나 눈이 마주쳤다. 아무 음식도 맛보지 못한 지 한 달, 부스럭 소리가 나면 "어디 빵 같은 거 없나" 하시던 분을 두고 내가 너무 방심했다. 처음에는 당황해서 시선을 돌렸고, 아직도 쳐다보시나 싶어 다시 쳐다보았을 때 여전히 쏘아보는 눈빛에 놀라 다시 시선을 돌렸다. 먹던 걸 대강 마무리하고 일어설 때까지 가슴이 쿵쾅거렸다. 엄마가 참외를 좋아하셨기에 더 기가 막혔다. 이것이 인생인가, 이런 것 하나도 모르고 마치 죽지 않을 것처럼 태평하게 사는 게 인생인가….

우리 집은 먹는 걸 중시했다. 엄마의 반찬 솜씨도 좋았고 철 따라 챙겨 먹기도 잘했다. 그 여파로 나 역시 먹는 걸 좋아하기에 더욱 증폭된 죄송함과 민망함에 오그라들 것 같았다. 바랄 것이라고는 엄마에게 먹고 싶다는 갈망조차 쇠퇴하여 아주 미약하기를 비는 수밖에 없었다.

그 뒤로 간식으로 끼니를 때울 때면 테라스로 나가서 먹었다. 요양병원 바로 뒤에 골프 연습장이 있는데 오층 건물을 넘는 규모에 절반은 인조 잔디, 절반은 진짜 잔디가 좌르륵 펼쳐져 있어 보기만 해도 시원하다. 요양병원과는 극적으로 딴판인 풍경이었다. 높이 날아간 골프공이 경사진 그물을 타고 천천히 내려올 때면 새파란 초지를 미끄러지는 스키어 같고, 부유하는 꽃잎같이 아름다웠다. 길고 넓은 테라스에서 조선족 억양이 유독 센 간병인 한 명이 담배를 피우고 상태 좋은 남자 환자들이 거닐고 있다. 한번은 이슬비까지 오는데 골프 연습장 앞에 서서 안전망으로 쳐놓은 그물에 코를 박고 빵을 먹었다. 그야말로 '눈물 젖은 빵을 먹어보지 않고서는 인생을 논하지 말라'는 말에 딱 맞는 상황이었다. 이런 상황에서도 우적우적 사과를 씹는 내가 민망하고 밉살맞다가, 다행이었다가 정신이 없었다.

> 함께 읽고 싶은 책

그때 알았더라면 한을 남기지 않았을까?

김난희, 《천 일의 순이-치매 엄마의 죽음 맞이》

엄마가 돌아가신 직후에 읽은 책에서 '최빈도 죽음'이라는 용어를 보았다. 노인들에게 가장 많이 발생하는 죽음이라는 뜻이다. 남자라면 칠십 대 말이나 팔십 대 초반, 여자라면 팔십 대 중후반에 접어들며 몇 달 혹은 몇 년에 걸쳐 건강이 서서히 악화되는 기간이 찾아온다. 치매가 진행 중인 경우가 대부분이다. 한두 차례 노인성 질환으로 입원했다가 서서히 회복될 수도 있지만 입원 전의 건강 수준으로 회복하지 못한다. 그러다가 연하 곤란(삼킴 장애)으로 콧줄(비위관)을 통해 유동식을 공급받거나 기저귀가 필요해지는 일이 일어나고 조만간 죽음이 닥칠 것이다. 그 기간이 얼마나 지속될지는 아무도 모른다. 죽음은 나름의 속도로 천천히 오며 다른 사람들의 시간표에 결코 맞추지 않는다. 이것이 '최빈도 죽음'의 간략한 스케치다.

_데이비스 재럿, 《이만하면 괜찮은 죽음》 222~231페이지 축약. 김난희, 《천 일의 순이》에서 재인용

저자 김난희의 형제들은 내가 읽은 돌봄 일기 중에서 가장 극진하게 모친을 모셨다. 내가 머리로 떠올리기만 한 일을 그 집 형제들은 다 해냈다. 저자의 어머니는 한복 삯바느질로 혼자 칠 남매를 키웠다. 워낙 독립적이어서 수의는 물론 영정사진까지 직접 마련해 두고 혼자 잘 지내시던 엄마가 갑자기 혼자 있는 것이 무섭단다. 87세에 혈관성치매가 시작된 것이다. 시작은 불안 증상과 가벼운 기억 상실이었지만 점점 증세가 심해진다. 딸에게 전화를 걸어 밥을 어떻게 짓느냐고 물으셨다는 대목에서 멈칫했다. 어찌 보면 자녀들을 알아보지 못하는 장면보다 더 섬찟한 기분이 들었

다. 저자네 칠 남매 중 국내에 1남 3녀가 있다. 모친은 우선 아들네로 가시지만 올케가 너무 힘들어해서 3개월 만에 요양원으로 모시자는 말이 나온다.

거기에 반대한 딸들이 내세운 대안은, 모친을 낮에는 데이케어센터에서 지내게 하고 주말마다 딸 중 둘이 번갈아 모셔 가는 것. 그들은 1년 9개월간 그런 생활을 이어간다. 그러다 엉덩이뼈에 금이 가서 요양병원에 8개월 계실 때도 주 4일을 형제들이 번갈아가며 간병을 한다. 결정적인 것은 주로 다니던 병원 옆에 작은 아파트를 얻어 3개월간 모시다가 보내드린 것. 나는 이들의 한결같은 마음에 감복하고 만다. 효도라는 말이 구태의연한 시대가 되었고 나도 쓰고 싶지 않으니 '몸갚음'이나 인간에 대한 예의라고 말하련다. 혼자 힘으로는 3년을 버틸 수 없었을 것이다. 4남매의 마음이 똑같아서 일을 분배하고 의논하며 나아갔기에 이처럼 감탄스러운 역사가 탄생했다.

그 모친은 내 엄마보다 훨씬 증세도 심했다. 기저귀를 거부해서 소변 실수를 하고는 속옷을 벗어 여기저기 숨겨놓는다. 집에 간다고 조르다가 "어머니!"를 끝도 없이 외친다. 말기에는 옷과 기저귀까지 다 벗어던지고 알몸으로 대소변을 여기저기 묻히고, 잠자는 것 자체를 잊어버리셨다니 책으로 읽기에도 겁이 난다. 내 엄마를 기준으로 치매에 대해 과도한 두려움을 품지 말자고 말했으면 큰일 날 뻔했다. 엄마는 서너 시간 동안 걸레로 마루를 닦는 일 두 번, 벽에 아이가 있다고 하는 섬망 증세 두어 번 말고는 가족들을 알아보다가 못 하다가 한 일이 전부였다. 하루하루가 전쟁터요 고난의 연속이었을 시간을 3년이나 보내고도 저자는 이렇게 말한다.

"엄마가 저쪽 세상에서 새로 살림 차리시느라 바쁘신가 봐. 통 말이 없으시네. 예전 같으면 잔소리하기 바쁘실 텐데 그쪽 세상에 재미 붙이시느라 그런지 통 말씀이 없으셔."

아버지를 비롯해 이미 그 세상에 계신 분들에게 질투심까지 느끼는 자신이 막내답다고 쓰고 있으니, 사람의 인연 중에 이럴 수 있는 관계가 또 있을까! 나는 지금 가족 지상주의를 말하고 있는 것이 아니다. 나를 포함해서 늙은 부모를 요양원에 보내는 자식들을 매도하는 것도 아니다. 모든 인간의 생애는 보편적이면서도 독자적인 것이니 김난희 저자와 형제들이 보여준 의리와 예의, 놀라운 결속력과 끈질긴 약속, 마침내 여한없이 모친을 보내드린 것에 감탄할 뿐!

저자의 어머니는 "내가 아픈 지 삼 년쯤 되었으니 머지않아 너희가 곧 홀가분해질 것이다"라는 말을 한다. 당신이 시어머니를 모셔본 경험에 의해 하는 말이다. 그분의 직관이 40년간 죽음을 지켜본 의사보다 통찰력이 있다는 데에 놀란다. 서두의 인용에서 데이비드 재럿이 '언제 죽음이 닥칠지 모른다'고 말한 것을 정확하게 채워주지 않는가! 물론 의사는 전체적인 케이스를 염두에 둬야 하지만 내 입장에서는 그 어머니의 통찰이 가슴 철렁하게 다가왔다.

내 엄마도 요양원에 가신 지 3년 반 만에 돌아가셨다. 순차적으로 소멸해간 과정이 '최빈도 죽음'에 정확하게 일치한다. 나는 이 부분에서 신음했다. 내가 '최빈도 죽음'을 알고 있었다면 엄마의 마지막을 짐작할 수 있었을까? 요양병원에 입원하고 딸하고 지내는 것을 그렇게 좋아하셨을 때

한 달이라도 채워서 한을 남기지 않을 수 있었을까?

슬프게도 내 대답은 "아니오"이다. 이제 와서 가슴 절절해하는 것은 엄마가 이미 돌아가셨기 때문이라는 사실을 깨닫고 기운이 쫙 빠진다. 무엇보다도 엄마는 콧줄을 하고 계셨고, 저작 활동을 하지 못하면 오래가지 못한다는 것을 나는 알고 있었다. 그런데도 이별에 대비하지 않은 나의 무지와 태만에 할 말이 없다.

저자는 사회운동 현장에서 남편을 만났다. 결혼 당시 내세울 것이 없는 데다 동성동본이기까지 한 남편을 어머니는 받아들여 주셨다. 저자가 마흔에 대학원에 진학했을 때 한복집을 접고 삼 년간 살림을 맡아주기도 했다. 그때 사위의 밥상을 살뜰하게 챙겨주었다고 한다. 사위는 고마움을 잊지 않았다. 뒤늦게 배운 침과 뜸으로 장모가 돌아가실 때까지 노력 봉사를 했다. 저자가 강의 준비로 바쁠 때면 대신 달려가 장모의 밥 수발과 똥 기저귀 갈기를 마다하지 않았다니, 아까와는 다른 의미에서 멈칫하게 된다. 장모와 사위라는 어려운 관계이기 이전에 우리 모두 돌아가는 사람들이라는 인식이 있어서 가능한 일이 아닐지.

　엄마의 죽음을 숙고하며 관련 책을 읽고 정리해 나갈수록, 이 작업이 엄마가 아닌 나의 문제라고 느낀다. 이 책《천일의 순이》에서 느낀 것이 많아 다시 한번 엄마를 돌볼 수 있다면 어디 어디 지점에서 조금 더 애쓰고 싶다는 생각에 안타깝다가 망연자실한다. 내가 다시 한번 죽음에 접하게 된다면 그건 바로 나의 경우일 것이기 때문이다.

너는 죽는다. 죽고 싶지 않아도 죽을 것이니 미리 죽지 마라. 오직 그때, 너무 이르지도 너무 늦지도 않게 네 죽음을 받아들여라. _김이경,《애도의 문장들》

2

요양원 옆 모텔에서 열흘 살기

"엄마, 내일 또 올게"라고 말할 때

경기도 고양시는 '단풍 시'라고 이름 붙이고 싶다. 상전벽해라더니, 나무가 많아 명품이 된 이 도시의 과거를 나는 알고 있다. 백석, 백마, 능곡, 알미… 어릴 때 방학이면 가서 살다시피 하던 외가의 지명이 한없이 익숙하고 따스하다.

백석리 알미마을은 전주이씨 집성촌으로 전형적인 농촌이었다. 12세까지의 경험이 고향이 된다더니 나의 수더분한 성격과 '촌스러운' 취향은 모두 어릴 때 외가에서 형성되었을 것이다. 할아버지는 일찍 돌아가셨지만 작은할아버지가 여럿 계셨고, 어린 나는 형제라는데 왜 작은할아버지들의 분위기가 이리 다른가 하는 생각을 했다. 꼬장꼬장한 선비

타입이 있는가 하면 누렁소를 방불케 하는 머슴 스타일도 있었다.

먼 친척이 운영하는 고양시의 요양원에 엄마를 모실 때만 해도 친근한 지명이 주는 위로가 이렇게 클 줄 몰랐다. 30년도 더 전에 신도시를 개발하며 고양시는 '알미공원'을 남겨두었다. 엄마를 보러 숱하게 다니면서도 꽤 늦게야 알미공원 표지판을 발견했다. 한 정거장 정도를 걸어 알미공원을 찾아가는 가슴이 뛰었다.

외가는 둥근 마당을 둘러싼 미음 자 구조였다. 어둑한 부엌을 지나면 돌연 환한 뒤란이 나오고 거기 우물과 장독대가 있었다. 마을에는 물맛이 좋은 공용우물도 있어 양은주전자를 들고 가 먹을 물을 길어오는 것이 어린 나의 임무였다. 훗날 유럽 여행길에 메우지 않고 보존한 우물을 보면 막무가내로 그리운 감정이 든 것이 외가의 우물 덕분이라는 것을 깨달은 것은 훨씬 뒤의 일이다. 백일홍이나 분꽃 같은 우리 꽃을 보면 마음이 매생이국처럼 풀어지는 것도 마찬가지이다. 꽤 나이가 든 중년의 어느 날, 갑자기 외가의 장독대 앞 풍경이 떠올랐을 때 오소소 소름이 돋았다. 어릴 때의 경험이 이렇게 오래가다니…. 나의 무심한 취향과 선택 하나에도 다 뿌리가 있다는 것이 신기했다.

바깥에도 마당이 있었는데 밭작물을 타작하며 하도 도리깨로 내리쳐서 공구리한 것처럼 반들거렸다. 그 끝에 뒷간이 있었다. 부엌에서 나온 재를 모아놓는 잿간 옆에 널빤지 두 개를 걸쳐 놓은 곳에 볼일을 보고 나서 재 한 삽 퍼서 덮으면 그만이었다. 그것들이 썩으면 밭으로 가 퇴비가 되었으니 더이상 간결하고 효율적일 수가 없는 시스템이다. 한 시절을 살고 난 지금까지도 외가는 내 안에 단순하고 자연친화적인 삶에 대한 그리움으로 남아 있다.

알미공원은 아파트숲에 남겨진, 축구장 두어 개 크기의 아담한 공원이었다. 여기 어디에 '나'라고 하는 사람을 형성한 외가가 있었을지 한없이 애틋한 심경이었다.

후반에는 엄마의 기억이 어린 시절에 머물렀는지 이름을 물으면 "이분이에요" 하며 아명을 대답하시곤 했다. "엄마 고향이 어디예요?" 하면 어김없이 "알미"라는 대답이 돌아왔다. 그럴 때 "여기가 알미 땅이에요, 엄마가 고향 땅에 누워 있는 거예요"라고 말할 수 있어서 너무 좋았다. 유서 깊은 곡창지대가 빌딩숲으로 변한 세월에 엄마는 폭삭 늙었지만 동화 같고 전설 같은 기억이 포근하게 나를 감싸서 그나마 괜찮았다.

3년 반 동안 요양원으로 면회를 간 것이 한 달에 한 번꼴이다. 전반에 코로나가 맞물려 있긴 했지만 늘 엄마를 떠올리고 마음 쓰다 찾아뵙는데도 한 달에 한 번이 고작이었다. 24년 여름은 워낙 더위가 심해서 겨우 일상을 버틸 뿐 장거리 외출은 꿈도 꿀 수 없었다. 그러다 보니 엄마 면회도 석 달 만에 갈 수 있었다. 그때만 해도 엄마와의 시간이 많을 줄 알고 느긋하게 굴면서도, 이상했다.

심하게 늙고 병들었다고 해도 엄마를 시설에 맡겨둔 채로 주로 잊고 살다가, 일이라도 나면 마치 기다렸다는 듯이 척척 의식을 치른다는 것이 말이 안 된다는 생각이 들었다. 그분은 나를 세상에 있게 한, 말하자면 창조주에 버금가는 역할을 했고, 나의 지난 시간 모든 순간에 함께했으며 내가 가야 할 길을 미리 보여주고 있으니 나의 과거이자 미래인데 말이다.

틈만 나면 국내외 온갖 데를 돌아다니면서 엄마 계신 곳에는 가뭄에 콩 나듯이 가는 것도 영 아니지 않나? 요즘 한 달 살기가 유행인데 엄마 계신 요양원 근처에서는 왜 한 달 살기를 못 하겠는가, 그런 생각을 죽 하다가 우선 5박 6일로 시작을 했다. 24년 10월 20일에 한 번, 곧바로 11월 12일에 한 번, 그렇게 5박씩 두 번 머물렀는데, 엄마는 12월 4일에 돌아가셨으니 그렇게라도 한 것이 얼마나 다행인지 모른다.

보통 때는 면회를 하고 나올 때마다 가슴이 먹먹했다. 편도 4시간이 넘게 걸리는 거리를 와서 30여 분 뵙고 마는 것도 성에 차지 않지만, 엄마와 소통이 원활할 리가 없었다. "명석이 왔어요. 명석이 알아요?"라고 했을 때 고개만 끄덕여줘도 감사한 노릇이었고, 티라미수나 홍시, 요플레처럼 부드러운 음식을 드시게 한 것으로 만족해야 했다. 정신이 오락가락하는 형편이니 딸을 보고 기억이 돌아오는 데도 시간이 필요했을 텐데 30분으로는 그저 면회를 다녀왔다는 자기만족에 그치는 것 같아 미진하기 짝이 없었다.

그러던 것이 5박 6일씩 머물며 훨씬 편안해져서 이제 엄마를 보아도 슬프지 않았다. 죄송한 마음에서도 어느 정도 벗어났다. "엄마, 내일 또 올게" 하고 말할 때의 안도감이 나를 사로잡은 덕분이다. 내일이 있어서 얼마나 다행인지! 내일을 기약할 수 있는 한 우리는 다시 만날 수 있다. 얼마든지 고쳐 살 수도 있다. 엄마는 속도는 완만했지만 차근차근 쇠퇴해 가셨는데도 쉽사리 돌아가신다는 생각은 못했다.

그게 살아 있는 자의 무지몽매함이겠지.

그래도 근처에서 머물며 집중적으로 면회를 하는 전략은 꽤 유효해서 나는 그야말로 '롱 굿바이'를 할 수 있었고, 그게 슬프다기보다 안온하고 따스한 기억으로 남아 있다. "엄마, 내일 또 올게"의 위력이었다. "엄마, 내일 또 올게"라고 말할 때 엄마를 버렸다는 죄책감에서 면죄받고, 편안함이 나를 적시던 경험은 꼭 마법 같았다.

"둘째딸 학교 어디 나왔어?"
놀이

오전에는 면회를 하고 오후에는 호수공원 산책이나 책방에 가는 일과는, 짧지만 완벽한 여행이었다. 고양시에서는 어딜 가나 나무가 많아서 눈이 즐겁고 산책하기에도 좋았다. 1세대 신도시로 개발하며 욕심껏 심은 가로수가 커서 울창하고 곳곳에 공원이 있어 우리나라가 아닌 어디 다른 나라 같았다. 가로수의 태반이 은행나무인데 찬란한 노랑의 절정이 황홀하다. 한참 동안 절정에 달한 은행나무가 열병해 주는 길을 달렸는데, 모퉁이를 돌아도 또 은행나무, 거기에서 갈라지는 길에도 여전히 은행나무라서 시내버스를 타고 동화 속 나라로 들어온 기분이다. 엄마를 뵙고 나오면서도 마냥 편안하지, 이국적인 명품 도시를 누리는 것이 흡족해서 24년 가을 고양시에서 머물던 시간은 나에게도 귀한 시간이 되었다.

이제 와서 생각하면 돌아가시기 직전인데 그즈음 엄마는 비슷한 상태를 죽 유지하셨네. 아주 컨디션이 좋으면 휠체어에 앉아 그룹 수업에 참여했지만 주로 누워 계셨다. 내가 주절주절 해드리는 이야기 중 가끔 그 사람 안다는 듯 눈을 크게 뜨는 정도로도 고마웠다. 생각하기도 귀찮은지 당신 이름을 모른다고 도리도리를 하면서도 내 이름은 기억을 하셨고 심지어 내가 나온 학교도 말씀을 하신다.

시설에 가신 초기에 직원들에게 딸이 이대 나왔다고 하도 자랑을 하셨다기에 면회 갈 때마다 물어보며 학습을 시킨 결과이다. 뜬금없이 옛날 고릿적 학교 얘기를 하는 것이 아니라 알츠하이머 판정을 받은 검불 같은 엄마에게도 학습이 가능하다는 것이 좋았으니, 당신 이름도 일러 주어야 겨우 대답하는 양반이 '이대'라고 또렷이 대답할 때마다 나는 깔깔대고 웃었다.

그렇게 돌아가시기 한 달 전까지 이대 놀이를 했는데, 엄마에게서 '이대'라는 대답을 들을 때마다 새록새록 애틋해지는 심사는 어인 일일까. 내가 대학에 다니던 시절은 엄마도 생활인의 정점에 서 있던 전성기였을 테니, "아! 옛날이여♬" 하는 그리운 심경이었다.

엄마의 반응을 이끌어내기 위해 추억을 있는 대로 뒤져 지난 일을 말씀드릴 때, 거기 그 장면에 나도 있다가 딸려 나온다. 외할머니께서 위독하다는 말을 듣고 찾아뵈었던 장면 같은 것이다.

외할머니도 85세에 살짝 정신이 없어질 무렵 돌아가셨다. 어릴 때 외가에서 뛰어놀던 시간이 나를 형성했다고 말하는 만큼 외할머니와도 추억이 많다. 할머니는 일찍 과부가 되셨고 그보다는 늦게 과부가 된 며느리와 살았는데 아무도 몰래 삶은 달걀을 내게만 쥐어주신 적도 있다. 할머니가 농사일하느라 때꾼한 얼굴로 다니러 오시면 엄마는 닭한 마리 푹 고아서 드렸고 그때에야 비로소 얼굴에 혈색이 돌았다는 얘기를 종종 들었다. 어깨가 시린지 담요로 어깨를 빙 둘러싸고 누워계시던 모습이 할머니에 대한 마지막 기억이 되었다.

그때 나는 대학 졸업반이었다. 돌아오는 기차를 기다리며 곡산역에 서 있는데 누렇게 익은 벼가 출렁거리며 파도를 만들었다. 작은 간이역은 누런 벌판의 한복판에 있었고 조금 지대가 높아서, 사방에서 넘실대는 황금벌판을 내려다보니 어딘지 모를 세상으로 떠밀려 가는 것 같았다. 앞으로 내 앞에 펼쳐질 일이 기대도 되지만 계절 탓인지 막막함이 더했다. 송창식의 〈날이 갈수록〉이 들리는 것 같았다. "루루루루♪", 세월이 가고 있었다. 그때와 똑같이 지금 이 순간에도.

가을 잎 찬바람에 흩어져 날리면
캠퍼스 잔디 위엔 또다시 황금 물결
잊을 수 없는 얼굴 얼굴 얼굴 얼굴들
루루루루 꽃이 지네
루루루루 가을이 가네

엄마의 삶을
맘껏 인정하고 칭송하기

시설에 가기 직전 엄마가 느닷없이 "내가 엄마 노릇 다 했지?" 하신 적이 있다. 절대 생색을 내는 건 아니고 자부심 가득한 표정이었다. 그런 생각을 하고 계시는 줄 몰랐고 평소에 나누던 대화와 결이 달라서 살짝 놀랐지만 크게 맞장구쳐 드리고 단단히 기억해 두었다. 아무렴, 다 하셨고말고.

엄마는 농촌의 편모 슬하에서 학교도 거의 다니지 않았지만 나무랄 데가 없는 분이었다. 성격 좋고 살림 잘하고 야무졌다. 똑같은 성품의 아버지를 만나 마포 골목에서나마 번듯하게 살았다. 엄마 나이 63세에 아버지가 돌아가셨는데 이때부터 가파르게 노화가 시작되었다. 남편 없는 여자라는 의식이 강했는지 자발적으로 동네의 흐름에서 빠지면서 자식들이 엄마의 전부가 되었다.

늦어도 서른이면 자녀 입장에서는 물리적 의미에서 엄마 역할은 필요가 없어진다. 그럼에도 내 엄마를 비롯한 전통 세대는 다 크다 못해 같이 늙어가는 자식을 어릴 때의 자식 대하듯 하신 거다. 도와달라고 요청할 때만 도와주면 좋을 텐데 엄마의 돌봄은 늘 차고 넘친다. 엄마 앞에서 고개만 돌려도 "뭐 찾아?" 하는 말이 날아온다. 엄마가 하는 말이 너무 빤하거나 끝도 없이 이어지거나 스무 번쯤 들은 이야기이기 때문에 대답을 해주다가도 지친다. 처음엔 "예! 예!" 하고 씩씩하게 대답을 한다. 그다음엔 침묵으로 넘긴다. 그리곤 영락없이 퇸산을 하게 된다. 볶음밥을 드시면서 "볶음밥에 감자도 넣으면 좋다"고 하시는데 "넣었어요, 그거 모르는 사람도 있어요?" 하고 쏘아붙이고 마는 식이다. 그래놓곤 죄송하고 민망해서 가슴이 답답하다.

이제 당신의 의견이 별로 요긴하지 않다는 것을 엄마라고 왜 모르랴! 그런데도 지청구를 받아가면서까지 사람 살이에 참여하고 싶으신 거다.

젊은것들에게 맞춰주고 순응하느라 엄마는 정신이 없나

보았다. 급기야 "늙었다고 죄인처럼 지내느라 살았는지 죽었는지 알 수가 없어!" 하는 말씀에 가슴이 철렁 내려앉은 적도 있다. 그때가 겨우 70대 중반이었으니 이 글을 쓰는 지금 새삼스럽게 놀란다. 스무 살까지 성장기, 이후 사십여 년 생활인으로 주 무대에 계셨다면 '늙었다고 죄인처럼' 지낸 노후가 삼십여 년으로 너무 길다.

그 기간에 나는 수없이 엄마의 인생을 시뮬레이션해 보았더랬다. 엄마처럼 잘 살아왔고 서울에 내 집도 있는 분이 왜 그렇게 천덕꾸러기 비슷해질 수밖에 없는지 안타까웠다. 그 대답은 엄마에게 '자기'가 없기 때문이었다. 엄마는 당신을 위해서는 파마하고 혈압약 사는 것밖에 돈 쓰는 게 없다고 할 정도로 자기를 위할 줄 몰랐다. 물론 우리 형제들이 나쁜 사람들은 아니니 여행이며 맛집에 모시고 다니고 하느라고 했지만, 행복의 원천이 외부-자식에 있는 한 늙어가는 헛헛함과 두려움을 채우는 데는 한계가 있지 않았을까.

나도 본격적으로 나이 들기 시작하면서 그때 엄마가 이런 심정이었겠구나 싶어 가슴 아플 때가 많았다. 나이 듦에서 오는 변화가 어찌나 가파른지 가슴이 쿵쿵 떨어지며 공포에 휩싸일 때면 엄마가 지식도 언어도 없이 어떻게 그 단계를 거쳤을지 너무 안쓰럽다.

그러니 이제야말로 엄마의 인생을 맘껏 인정하고 칭송할 때였다. 나이가 얼마든 상황이 어떻든 다른 사람의 진심 어린 인정은 힘이 될 터였다. 정신이 살짝 없을 때도 누군가 자신을 존중하고 칭송하는 느낌은 전달될 것이었다. 게다가 청각은 끝까지 남는다고 하니 나는 다른 건 못해도 3년 내내 엄마의 인생을 인정하고 칭송하는 건 해드렸다. 부지런히 꽃다발을 만들어 갖고 다닌 것도 그래서였다. 엄마는 꽃을 좋아하셨다. 아직 추운데 피어난 수선화를 보고는 "그러고 보면 꽃이 참 지독한 거야" 하셨고, "매화꽃은 못 보고 가겠구나"라고도 하셨다.

꽃이 아니면 무엇으로 애틋함과 죄송함과 먹먹함이 뒤엉킨 심경을 전달하랴. 꽃이 아니면 무엇으로 이렇게 세상이 곱다고, 이 고운 세상에 좀 더 머물러 계셔달라고 기도할 수 있을까. 엄마의 인생 나쁘지 않았어요, 이렇게 말하는 심경으로 나는 장미와 영산홍, 모란과 백합, 으아리와 글라디올러스, 국화꽃을 꺾어 꽃다발을 만들곤 했다.

그리고는 나를 알아보는 날이든 못 알아보든 엄마가 엄마 노릇 다했다고, 엄마가 최고라고 엄지를 치켜세우고, 엄마의 평안을 기도했다. 부처님, 하느님, 나는 이분이에요. 내가 자식들 다 잘 키우고 열심히 사느라고 살았으니 오늘도 좋은 꿈 꾸게 해주세요. 자손들 다 건강하고 화목하게 자기 세상 일구게 해주시고 내게도 평안을 주세요….

꽃다발을 만들다가 엄마가 특히 좋아하던 분홍색이 있으면 면회를 가는 내 마음이 더 애달파졌다. 앙다문 꽃송이, 새침한 어린 꽃, 봄처녀같이 만개한 꽃시절 다 보내고 인생은 참으로 빨랐으나 그대, 누구에게도 부끄러울 것 없는 삶을 살았으니, 그것이 진짜 승리이니, 부디 마음 어지럽히지 마시기를. 어미에게 험한 꿈이 깃들지 않기를 빌며 엄마에게 가던 길이 그립다.

> 함께
> 읽고 싶은
> 책

세상 모든 엄마들에게
이 집 아들의 사랑을 퍼다 주고 싶다

양정훈, 《엄마의 마른 등을 만질 때》

누구나 엄마에 대한 글을 쓸 수 있다. 글이란 게 재주로 쓰는 것이 아니라 이 이야기를 하고 싶다는 간절함이 중요한데, 엄마에 대해서는 누구에게나 그것이 있기 때문이다. 나는 소중한 사람에 대해 책을 쓰는 것이 인연을 완성하는 최고의 방법이라고 생각하는데 나만 그렇게 생각하는 건 아닌지 자식이 엄마를 기억하는 책이 엄청 많다. 그중에 인상 깊은 책을 만나면 그렇게 위로가 될 수가 없다.

김이경의 《애도의 문장들》은 죽음에 대한 10년 공부의 기록이다. 죽음에 대한 두려움에서 탐구를 시작했는데 실제로 아버지의 죽음을 겪으며 절절한 슬픔을 더했다. 저자가 아버지를 보내며 귓가에 감사와 작별인사를 하지 못한 것을 한탄할 때, 저자의 탐구심과 비교되어 위축되던 내 안에 자부심 하나 피어나는 식이다. 다른 건 하나도 해 드린 것 없지만 딱 하나 그건 했지. 엄마가 알아듣든 못하든 면회 갈 때마다 엄마의 인생을 인정하고 칭송하기. 그렇게 슬며시 위로 한 자락 받으며 엄마 없는 시간이 흘러간다.

엄마를 기리는 책에도 다양한 분위기가 있어서 나와 잘 맞는 책을 만나는 것이 중요하다. 깊이 몰두하여 읽다 보면 다른 사람들의 삶이 내 안으로 들어와 내가 더 커진다. 어떤 딸과 아들, 어떤 엄마, 알지 못하는 사람들의 삶에 생생하게 감정이입함으로써 내가 살지 않은 삶을 산 것처럼 풍성해진다.

양정훈이 쓴 《엄마의 마른 등을 만질 때》는 시적 감수성이 돋보이는 책이다. 항암치료를 하는 엄마의 고통과 그 앞에서 속수무책인 자신의 심경을 현미경으로 보듯 섬세하게 그리는 바람에 나도 그 자리에 같이 있는 것 같았다. 감각적이고 해상도가 높은 저자의 문체는 사진을 찍듯 어떤 장면을 고스란히 살려낸다. 그래서 짧은 글이 결코 짧지가 않다. 아예 시로 표현한 대목도 몇 군데 있다.

| 국 |

가만히 옆에 앉아 마른 등을 만질 때,
울툭불툭 튀어나온 등뼈를 쓰다듬을 때,
뼈와 뼈 사이 골짜기만큼 슬픔이 깊을 때,
당신 엄마가 되어주고 싶다고 생각한 때가 있다.

아가 그래도 힘껏 버텼구나.

당신보다 먼저 당신보다 늦게까지 울다가
퉁퉁 부은 눈을 감추고
하얀 두부가 듬성듬성 들어간 북엇국을 끓이고
아가 아파도 밥은 먹고 아프자.
식은 국을 다시 데우다 폭삭 안아버리고 싶었다.

| 언젠가는 |

나무는 싫어 엄마
구름은 걸리는 게 없어 좋더라도 나는 싫어 그냥 싫어

엄마
그런 거 말고 사랑으로 다시 오면 안 돼?

꽃으로 난다는 말 다 지우고
바람으로 보자는 말 다 버리고

엄마
사랑하는 이로 다시
사람의 세상에
기다리고 맴돌고 애달파 부서지는
내 사랑으로 다시
꼭 사랑으로 다시

연애시라고 해도 좋을 정도로 절절한 사랑을 노래하는 저자도 그러나 '엄마의 투병이 시작된 후에야 엄마의 삶이 보였다'고 한다. 엄마라는 존재는 누구에게나 너무 당연해서 저물기 시작한 뒤에야 비로소 보이는가 보다.

미국의 저널리스트 러셀 베이커도 엄마가 치매에 걸린 뒤에야 엄마를 돌아보기 시작했다고 한다. 엄마의 많은 것이 자기를 이루었는데 자신은 엄마에 대해서 피라미드만큼도 아는 것이 없더란다. 그래서 엄마에 대한 책을 쓰기 시작했다고. 그가 쓴 자서전 《성장》은 소설보다 더 소설 같아서 펑펑 울며 읽었다.

여러 사람이 그렇게 말하고 있다면 책을 읽는 사람들은 배울 수 있지 않을까. 시한 선고를 받지 않더라도 인생에 시한이 있다는 사실을 알아차리고, 나중에 여한이 없도록 미리미리 사랑을 표현할 수 있지 않을까.

저자 양정훈의 어머니는 희소하고 복잡한 암이라 치료가 어렵고 더욱 혹독한 고통에 시달린다. 예후가 좋은 날에는 한강공원에서 덩실덩실 춤을 추고, 그렇지 못한 날에는 억울해서 못 죽겠다고 울부짖는 엄마. 아프지 말고 10년만 더 살고 싶다는 이 어머니의 뜨거운 염원을 잊어버리면 나는 사람도 아니라는 생각을 했다. 40대 아들의 사모곡이 어찌나 고운지 평생 헌신만 하고 메아리 한 번 듣지 못한 엄마들이 있다면 마구 퍼다 주고 싶었다.

> (독한 항암치료를 받으며 위태로워 보이는 엄마가) 아이 같고 동생 같고 딸 같다고도 생각했다. 저 조그마한 사람이 어떻게 버티고 있을까. 아이고 예뻐라 아이고 고와라 세상에 반짝이는 말을 다 가져다 엄마에게 주고 싶었다. … 엄마는 웃지 않고 가만히 눈을 떠 나를 물끄러미 바라만 보았다.

3년의 투병 끝에 엄마가 가시고 사십구재 전에 엄마 생일이 있었는데 거짓말처럼 엄마가 꿈에 나타나 묵밥 한 그릇을 맛있게 먹더란다. 저자는 무덤 앞에 생일상을 차리며 미역국, 고사리, 조기, 전, 불고기에 급히 묵밥을 추가한다. 그리고는 간병 중에 웃는 모습을 많이 보여드리지 못했다는 자책감에 일부러 크게 말하며 으스댄다. "엄마! 이 거 다 내가 했어! 나 … 잘했어? …." 저자는 무덤 속 어머니에게 어금니까지 보이도록 얼굴의 주름을 다 써가며 힘껏 웃는다.

이것이 사랑 아닌가. 저자는 많은 장면에서 이런 것이 사랑이로구나 하는 실체를 느끼게 해주었다. 엄마가 죽는 꿈에서 깨어나 옆에서 주무시는 엄마를 껴안고 울거나 생일상을 차려드리는 일은 그다지 엄청난 일은 아니었다. 그런데 그것이 삶의 전부이다. 소중한 사람이 사라진 다음에야 별일 아닌 이런 것들이 삶의 전부인 것을 알게 되는 것이 너무 슬프다. 저자가 그림같이 그려준 덕분에 이 세상 어딘가에 이렇게 고운 모자가 다 있구나, 나는 알게 되었다. 그 어머니의 모습을 보고 싶은데 책에 사진 한 장 없는 것이 서운했다. 어머니가 살아온 시절이 애틋하고, 분위기도 알 것처럼 친밀하게 느낀다. 이야기 속에 살아남는다는 것이 이런 것일까?

이야기가 되지 않은 삶이야말로 버림받은 삶이다. 그 쓸쓸함을 어디에 비견하랴. 그러나 이야기가 되어 전승되는 삶은 사랑의 축복 속에서 우주적 차원의 삶을 지속한다. _김영옥,《흰머리 휘날리며, 예순 이후 페미니즘》

3

요양원에서
가장 행복했던 순간

마지막의 마지막까지
남아 있는 사랑

검불같이 야위고 쇠약해진 노모가 세 돌짜리 증손녀에게 감정을 드러낼 것이라는 내 예상은 맞았다. 아들딸과 나를 대하는 태도와 어린것을 바라보는 표정부터 달랐다. 귀여워 어쩔 줄 모르겠다는 듯 빙긋이 웃는 모습은 깜짝 놀랄 정도로 정상적인 모습이었다. 아이를 만지고 싶어 손이 자꾸 올라간다. 콧줄을 잡아뺄까 봐 양손이 침대에 묶인 뒤에도 마찬가지였다. 면회를 마치고 인사하고 돌아서는데 아이를 향해 번쩍 손을 드신다. 묶여 있는 손은 아주 조금밖에 올라가지 못했지만 속속 감정이 사라지고 표정이 사라지는 마당에 그만한 자기표현은 엄청난 것이었다. 어린것에게 무조건 반응하는 엄마를 보며 눈물이 울컥 솟았다. 집에서 모시던 옛날 같으면 늘 손주들과 함께했을 텐데, 엄마가 끝까지 바란 것도 오직 그것 하나일 텐데, 그걸 무슨 이벤트처럼 드문드문 해야 하는 것이 슬프고 죄송했다.

고장난 레코드같이 같은 말을 반복하던 엄마의 새 문장

손녀는 이미 엄마에게 막강한 위력을 발휘한 적이 있다. 우리 집에 계실 때가 85세 즈음이었는데 입 밖에 내어 말하는 문장이 스무 개 정도로 줄어들었다. 식사 때가 되면 한번도 빠짐없이 "조금만 줘, 대충 먹자"라고 하는 식. 나는 그게 맘에 들지 않았다. 워낙 루틴에 약하고 격식을 차리지 않는 나로서 시간 맞춰 죽과 계란말이, 시금치나물처럼 부드러운 음식을 준비하는 것은 나름 신경 쓰이는 일이었는데 그걸 '대충'으로 만드시니 말이다.

거기에 당신과는 달리 돌깍쟁이 같았던 여동생 이야기와 오랜 친구에 대한 연민처럼 똑같은 말이 무한 반복되었다.

그중에는 이 책 5장에 기록한 것처럼 주옥같은 엄마의 추억도 있었지만 그조차 당시에는 계속 되풀이되어서 대꾸를 해드리려야 해드릴 여지가 없었다. '한 음만 내는 고장 난 레코드' 같던 엄마와의 언어생활에 멀미를 낼 무렵, 놀랍게도 엄마에게 새로운 문장이 생겼다.

"수원 아기, 보고 싶다. 그 쪼그만 손으로 여기를 타닥타닥 치는데…."

쪼그라든 뇌를 반영하듯 스무 개 정도만 오가던 돌림노래에 새로운 경험이 끼어든 것이다. 내 손녀는 엄마의 세 번째 증손인데 다른 손주들은 제법 컸고, 무얼 해도 사랑스럽고 신기한 아가가 눈에 밟히나 보았다. 그때 10개월 정도였는데 갓난아기 때 봤을 때보다 훌쩍 커서 동작과 목소리가 분명해져서 더 예뻤던 듯, 나는 엄마의 새 문장이 감격스러웠다.

함께 지내고 있을 뿐 그나마 말 붙이는 일도 점점 줄어들고 있었다. 딸이 기숙사 생활을 하고 있어서 한적한 시골 마을에서 엄마와 둘이 지내는 우리 집은 적막강산이었다. 정신이 오락가락하던 엄마가 "아줌마는 누구요? 여기는 왜 이렇게 식구가 없소?"라고 할 정도였다. 상노인 한 사람이 빚어내는 암울한 공기가 나를 잠식하는 기분이었다. 내 컨디션이 좋을 때는 농담도 하고 엄마의 단골 레퍼토리도 들어드리지만, 내 에너지가 바닥일 때는 아무것도 하지 못하고 암울한 분위기에 전염된다. 그렇게 매일 동면하는 곰이 되어가는 느낌 속에서 겨우 끼니를 챙겨드릴 뿐, 가족과 함께 산다는 것도 허울뿐이구나, 생각이 많아졌다.

그럴 때 등장한 엄마의 새 문장은 커다란 사건이었다. 아직 엄마에게 새로운 경험을 흡수하고 표현하는 힘이 살아 있다는 징표여서 한 줄기 청량한 바람 같았다. 아기의 동작을 흉내 낼 때 엄마의 얼굴에 퍼지던 미소가 달달하고 싱그러웠다. 그런 표정이야말로 살아 있음의 증거 아닌가? 그걸 단단히 기억하고 있었으므로 어떻게 하면 손녀를 한 번이라도 더 보여드릴 수 있을지 골몰했다. 손녀가 면회를 총 다섯 번 갔나, 코로나도 있어서 그 정도에 그쳤지만 아이는 충분히 제 역할을 했다. 23년 3월의 장면 하나만으로도.

세상 부러울 것 없던 엄마의 미소

엄마에게 손녀의 재롱을 보여드리고 싶었다. 그러기 위해서는 우선 손녀의 기분을 풀어주어야 했다. 마침 '공주과' 물건을 좋아한다는 정보를 접하고 아이가 좋아할 만한 핑크핑크한 핸드백을 사서는 엄마 손으로 직접 선물하게 했다. 전략은 주효했다. 손녀는 선물이 마음에 들었는지 졸음기가 가득한데도 불구하고 누워 계신 엄마 곁에도 잘 가고, 손도 잡아드리고, 막대기처럼 뼈가 불거진 손으로 찰떡같이 몰랑몰랑한 제 볼을 만지는 것도 다 수용했다. 세 돌짜리도 어느새 기브앤테이크의 세상 법칙을 알아차렸나 보다.

그즈음 엄마는 완만하게 쇠퇴해 가며 나를 알아보다 못하다 하셨는데 그날 컨디션이 좋았다. 나와 아들딸을 알아보신 것만으로도 감격인데 아이를 바라보는 표정에 웃음이 끊이질 않는다. 남실남실 두 눈 가득 미소를 띠고, 어이없다는 듯 큭큭 미소가 번지고, 세상에나 자꾸만 아이를 만지고 싶어 손이 올라간다. 감정이 살아 있다. 웃음이 살아 있다. 무얼 하고 싶다는 동작이 살아 있다.

요양원 밴드에 올라온 사진을 보면 어떤 분들은 표정이 없어 목석 같았다. 기억이 사라지고 그저 물리적인 연명만 이뤄지는 시설 생활이 오래되면 목석을 넘어 좀비 같아지는 것도 시간문제인가 보았다. 엄마에게서 점점 표정이 사라지고 있던 그때 슬며시 올라오는 웃음 한 번이 그토록 고마울 밖에. 마지막의 마지막까지 남아 있는 사랑은 어린것에 대한 것이었고, 사랑에서 감정이 나오니 네 살 손녀가 일등공신이었다. 변비 기운이 있는 손녀가 면회실 한편으로 가 쪼그려 앉아 인상을 쓰고 있다. 내가 "똥 누나 봐요"라고 말했을 때 함박웃음을 지으며 "그러게…" 하던 엄마의 표정은 세상 부러울 것이 없는 천상의 것이었다.

유스호스텔에서 머물던 날들은
나에게도 화양연화

엄마를 면회하고 나면 고양시의 유스호스텔에서 묵으며 짧은 여행을 하곤 했다. 손녀를 보여드렸다는 생각에 마음이 가벼워져 그 시간은 충만하기 마련이었다. 일산 호수공원이나 서오릉, 고양어린이박물관 같은 곳을 둘러보고 아들딸이 합동으로 검색한 식당에 가는 일은 소소하지만 완벽했다. 그날 저녁 조그만 것 큰 것 해서 두 개의 가방을 갖고 있는 손녀에게 딸이 의도적인 시비를 걸었다.

"혜린아, 가방 하나만 고모 줘."

"안 돼~"

"왜 안 돼? 두 개잖아. 하나만 고모 줘."

"혜린이 꺼잖아. 왕할머니가 혜린이 선물한 거잖아."

나는 세 돌짜리가 '왕할머니'라고 발음하는 것이 너무 좋았다. 입술을 뻬죽 내밀며 논리로 맞서는 손녀의 영상을 찍어서 수없이 돌려보았다. 두 달 후에 다시 아들딸과 손녀와 함께 면회를 갔다. 다시 한번 핑크핑크한 백팩을 준비했는데 그때는 변덕을 부리며 할머니의 손길을 거부해서 서운했고 그다음 면회에서 율동으로 만회했다. 생의 막바지에서 사위어가는 목숨과 막 생의 초입에 선 아이가 나란히 있는 모습에는 장엄한 데가 있다. 우리 모두 저 모습으로 시작해서 이 모습이 되어가는 존재임을 한눈에 보여준다.

2014년 오스트리아 잘츠부르크에 갔을 때 묘지를 보았다. 기품 있는 성당의 엄호 아래 신비한 색감의 수국을 비롯해서 장미와 백합 등등 온갖 꽃이 피어 있는 데다 동굴무덤이 있는 신비로운 절벽이 더해져, 묘지가 우리 사회처럼 기피시설이 아니라 아침저녁으로 들러 산책하는 정원 같았다.

그 묘지는 영화 〈사운드 오브 뮤직〉의 마지막 장면에서 합창대회를 마친 가족이 숨어든 곳이었다. 수많은 사람이 사랑해 마지않는 명화요 전설이 된 영화의 배경이 된 곳에 와 있는 감회가 벅차올랐다. 관리가 잘 되고 있는 묘지의 규모가 크지 않고 성당 옆이라 성인들을 모셨나 했더니 그건 아니었다. 묘비를 살펴보니 일반인도 모셔져 있었다. 묘비가 일률적으로 비슷한 모습이 아니고 다채롭게 장식이 되어 있어서 일일이 눈맞춤하며 살펴보았는데 형체를 알아볼 수 없을 정도로 부식된 쇠 십자가든 화려하게 도금한 장식물이든 모두 아름다웠다. 한결같이 망자를 사랑하고 애통해하는 마음이 절절하게 느껴졌다. 그곳의 묘비 하나에 통통한 아기와 해골을 나란히 그려놓은 것을 보았다. 그림이 벗겨져 탈색하고 있었지만 그래서 더욱더 가슴을 파고들었다.

단순한 그림 하나가 설파하고 있는 인생의 모습에 아찔한 적이 있는데 엄마와 손녀가 같이 있는 자리에서는 절로 그 묘비가 떠올랐다. 주근깨 하나 없이 깨끗하고 보드라운 볼을 가진 네 살 손녀와 검버섯이 좍 퍼지고 뼈쩍 마른 89세 엄마가 같이 있는 광경은 저절로 인생의 압축도가 된다.

최고의 컨디션으로 증조할머니에게 노래와 춤을 보여준 손녀는 1박 2일 내내 기분이 좋았다. 어느새 네 돌이 된 아이는 웃을 준비가 되어 있다. 말문이 막히면 "파부부" 하며 의미 없는 의성어로 대답하기에 내가 그걸 스무 배로 증식시켜 "파부부 데부부 까르랄까 송송송~" 하는 식으로 이어 가니 웃느라 정신이 없다. 너무 오래 웃어서 걱정되어 멈춰야 할 정도다. 그게 뭐라고 숨넘어가게 웃는 아이를 보며 새로운 문법으로 씻기는 기분이 다 든다. 아이가 흉내 내기를 좋아한다는 것을 알았으므로 이어 간다. 아이가 30개월 무렵 아빠의 생일 축하 노래를 부르는 영상을 보여주니 이번에도 성공이다. 생애 처음으로 부르는 노래라서 겨우겨우 끄트머리만 따라 하는 모습이 너무 귀엽다. 훨씬 아기스러웠던 제 발음을 제가 흉내 내는 모습이 어찌나 귀여운지! 흉내 내기는 어떻게 역할놀이로 넘어갔던가. 엄마가 처음으로 핸드백을 선물했던 날 딸이 장난치던 대사를 재연한다.

"혜린아, 가방 하나만 고모 줘."
"안 돼~"
"왜 안 돼? 두 개잖아. 하나만 고모 줘."

"혜린이 꺼잖아. 왕할머니가 혜린이 선물한 거잖아."

처음에는 딸이 대사를 치고, 그다음에는 내가 딸 역할을 해도 척척 받아치는 손녀. 이렇게 간단한 역할극도 아이가 하면 자지러지게 좋다. 더구나 우리 엄마가 등장한다!

그리고 나서 손녀가 태블릿으로 헤어드레서 게임을 하고 있는 중이었다. 아이는 고모가 찾아준 게임에 매료되었다. 터치만 하면 머리가 휘리릭 길어지거나 잘려나가고, 샴푸도 하고, 선글라스와 온갖 장신구를 바꿀 수 있으니 어른도 신이 난다. 내가 어렸을 때 일일이 인형 옷을 그리고 오려 어깨와 허리에 고리를 만들어 갈아입히던 기억이 떠올라 격세지감에 빠져 있는데 손녀가 "왕할머니야!" 소리친다. 무작위로 터치하다 회색 머리가 된 거였다. 하이고, 혜린아, 고마워!

조금씩 된다, 카르페디엠

누군가를 일상에 끼워주는 것은 이렇게 하는 거구나 싶었다. 자주 가서 보고 선물도 주고받으며 추억을 쌓고, 그걸 대화에 올리며 기억을 리마인드하는 것. 엄마가 평생에 걸친 헌신 끝에 바싹 늙어서도 바란 것은 오직 이것 하나였겠구나 싶어 숙연해진다. 노인이 함께 있기는 해도 묘하게 뒷전이 되는 것을 나는 엄마를 통해 많이 보아 왔다. 나도 벌써 경험하기 시작했다. 내가 엄연히 그 자리에 있는데 나에게 할 말을 제3자에게 하는 일은 나를 투명인간으로 만든다. 이제 같은 입장이 되고 보니 엄마에게 변덕 부리고 무례하게 군 소행이 죄송해서 가슴이 미어질 때, 어린 손녀가 발음하는 '왕할머니'에서 위로를 받는다.

엄마를 뵙고 유스호스텔에서 묵던 날들은 나에게도 잊지 못할 시간이 되었다. 한번은 유스호스텔에서 자고 과천 대공원에 갔다. 하얀 안개꽃에 휩싸인 갖가지 색깔의 장미만큼 아름다운 순간이다. 시간을 내서 엄마를 보러와 준 아들딸이 고맙고 계절이 좋아서 가슴이 촉촉해지지만 이 순간이 영원하지 않다는 걸 안다. 손녀가 제 손으로는 잡기도 버거운 카메라로 찍은 사진이 멀쩡해서 놀라듯이, 지금 이 순간에도 어린 것은 크고 있고 나이 든 사람들은 종착점을 향해 걸어가고 있는 것을 알기 때문이다. 소풍이 끝나면 각자 짊

어져야 할 일상의 문제는 또 얼마나 미묘하고 엄중한가. 손녀와 노모를 동시에 보고 있으니 알겠다. 산다는 건 순간의 집적이고, 오직 그 순간에만 진실이라는 것을.

좋은 시절은 지나 봐야 알게 된다고 한다. 당시에는 미처 모르고, 지나가 봐야 그때가 얼마나 좋은 시절이었는지 사무친다는 말인데 오래 살아 보니 그것도 아니다. 인생의 어지간한 국면을 다 맛보고 나니 지금 이 순간이 절정임을 알아보겠다. 그래서 시시각각 흐르는 시간이 아깝다.

보고 있어도 보고 싶다는 말이 이런 뜻이리라. 살고 있는데도 더 벅차게 살아 있고 싶어진다. 유스호스텔 창밖으로 인조잔디가 깔린 운동장에서 축구를 하는 사람들. 간밤에 잘 때도 축구를 하더니 아침에 일어났을 때도 똑같이 하고 있어서 "꼭 컴퓨터 게임 화면 같네" 말하던 아침. 아들이 과일을 자르러 공용부엌으로 갔는데 오렌지를 딱 하나 들고 갔다 와서 웃는 아침. 오늘만 같아라, 더 바랄 것도 없이 지금을 가만히 껴안는다. 그 어렵다는 카르페디엠이 조금씩 되고 있다.

늙은 어미가 피식 하고
세 번 웃을 때

오래전에 선운사에서 기념품으로 산 염주와 마트에서 산 쿠션을 가지고 늙은 어미를 보러 간다. 내 것이라곤 옷 한 벌 밖에 남지 않은 요양원의 4인실에 있는 엄마에게 자기 물건을 만들어드리고 싶었다.

"엄마, 손이 심심할 때 염주를 돌리면서 이렇게 말해요. 부처님, 하느님. 제가 정말 열심히 살았고, 어미 노릇도 다 했으니 좋은 데로 가게 해주세요."

말해 놓고 나니 내가 머쓱하다. 코로나 때문에 석 달 만에 만난 엄마는 많이 야위어서 어린아이 몸매가 되었지만 조금씩 걸을 수도 있고 총기도 좋았기 때문이다.

"이런! 아직 갈 날이 멀었는데 좋은 곳으로 보내달라는 말은 빼자."

그 말에 엄마가 피식 웃는다. 원장 말로는 말씀도 잘하신다는데, 목소리가 안으로 기어 들어가는 듯 잘 안 들리지만 눈치는 여전하시다. 전에도 컨디션이 안 좋을 때조차 유머 코드를 놓치지 않아서 감탄하곤 했었지.

"부처님, 하느님. 어떻게 이렇게 세월이 빨라요. 산 것 같지도 않네요. 그래도 어미 노릇도 다 했고, 열심히 살았으니 오늘도 좋은 꿈 꾸게 해주세요. 하느님, 부처님, 감사합니다."

엄마 손에 염주를 걸어드리며 기도를 따라 하게 하니, 엄지손가락으로 또박또박 한 알씩 넘기며 잘 따라 하신다. 초등학생 모범생이 교사의 지시를 따르는 것처럼 집중하는 모습에 울컥한다. 엄마 영상을 형제들 단톡방에 올리려고 좀 낮게 찍느라 세 번을 찍는 동안 내 기분이 점점 나아진다. 어딘지도 모르는 곳에서 당신에 대해 아무것도 모르는 사람들과 바깥 공기라고는 쐴 일도 없이 그저 연명하는 어미만 생각하면 괴롭던 마음이 점점 가라앉는다. 우리 집에 계실 때는 혼자 못 일어나셔서 일으켜 드리느라 내 손목에 무리가 왔었는데 아이러니하게도 시설에 오신 뒤로 상태가 좋아진 것에 마음이 놓이고, 짧은 기도의 효과를 본 모양이다.

유일하게 치매 기미가 느껴지는 부분은 식탐이 조금 생긴 것이다. 쿠키에 손을 뻗치더니 두 개를 달게 드시고, 삼각 커피우유도 맛나게 드신다. 뻥튀기도 하나 드시더니 황도 깎아 놓은 것을 보고 뻥튀기 조각을 내려놓는다.

"먹던 건 마저 먹어야지. 황도가 생겼다고 먹던 뻥튀기 그만 먹으면 돼? 안 돼?" 장난스럽게 말하니 다 알아듣고 또 피식 웃는다. 원장이 대화에 합류한다. 외가의 먼 친척이라 30년 전에 신도시로 편입되며 사라진 외가 동네 얘기도 하고, 엄마 성격이 어찌나 원만한지 누구나 하나씩 갖고 있다는 이상한 성격 하나가 없다, 당연히 나도 이상한 성질 하나 갖고 있다는 말을 하는데 또 피식. 노쇠한 엄마가 맥락을 이해하고 피식 웃을 때 내 마음이 너무 좋았다.

오빠 내외와 사촌오빠, 나까지 4명이 일어서니 예의 바른 우리 엄마, 배웅하려고 휠체어에서 일어난다. 남자 둘은 키가 크고 허우대가 좋고 여자 둘은 살집이 있는 편이라 가운데 선 엄마는 다른 종족처럼 작다. 평생 가족밖에 몰랐는데 가족하고 격리된 채 죽을 날만 기다리고 있는 엄마 생각에 못내 괴로웠다. 당신은 꿈속에서도 자식과 분리된 적이 없기에 "오 남매가 나 하나 못 건사하겠니…" 하시던 엄마였으므로 요양원에서 자식에 대한 배신감에 시달리는 최후는 지옥이 따로 없겠다 싶었는데, 엄마는 아무런 생각도 없으시단다.

"누가 제일 보고 싶어요?" 하고 물으니 고개를 도리도리.

"이제껏 살아온 장면 중에 문득 떠오르는 게 있어요?" 거기에도 도리도리.

"그럼 아무 생각도 없는 거네요." 비로소 끄덕끄덕.

그런 엄마의 눈시울이 벌게지더니 눈물이 맺힌다. 이번에는 내가 울지 않았다. 그만큼 잘 계시면 됐어요. 또 뵈러 올게요. 엄마만 생각하면 불쌍하고 죄스러워서 울음부터 나던 것이 조금씩 달라질 것 같다. 거기에는 엄마의 순한 성격이 잘 드러난 공감의 웃음 덕이 컸다. 돌아서며 인사하면서도 울지 않았다. 엄마를 부축한 원장이 말한다. "할머니는 이쁨 받는 할머니야."

돌아오는 길이 큰일이라도 한 것처럼 홀가분하다. 단무

지같이 똑떨어진 반달이 어여쁘기도 하다.

 (나중에 세 개의 동영상을 반복해서 보니 나는 완연하게 감정이 가라앉아 있는 데 비해 엄마는 미세하게 감정이 격해지고 있었다. 먹고 자고, 먹고 자고, 지극히 한정된 자극으로 여일하게 돌아가는 시설에서 안 그래도 취약해진 사고기능이 빠르게 쇠퇴하다가 내가 보드라운 정서 안쪽을 건드리니 감정이 돌아온 것 같다.) _ 21년 9월, 시설에 가신 지 4개월 후

엄마를 위한 색소폰 연주회

젊은 날의 엄마는 신명이 좋았다. 어릴 때 아버지와 마루에서 손을 잡고 "돌리고♬ 돌리고♬"를 하던 광경이 눈에 선하다. 늘그막의 엄마에게 물어보니 당시 돈 주고 배운 춤이었단다. 치매 진단을 받은 초기 가끔 기이할 정도로 명랑해지곤 했는데, 딸에게 자지 말고 놀자고 하시며 "내일 한강에 놀러 갈까, 남산에 놀러 갈까?" 하이톤으로 말씀하셨다. 심지어 나에게 "우리 지르박 출래?" 하며 자세를 잡으셨는데 얼결에 낯설어서 손을 잡아드리지 못한 것이 내내 후회가 되었다.

요양원에 계신 지 3년이 되어가는 엄마에게 뭐라도 해드릴 것이 없을까 궁리하면 1순위로 노래가 떠올랐다. 오랜 세월 들어온 노래는 아무리 노쇠하여 기억이 오락가락하는 분도 듣지 않을까. 마침 색소폰을 부는 지인이 두 사람 있어 엄마 계신 곳에 함께 다녀오기로 했다.

낙엽이 우수수 떨어질 때
겨울의 기나긴 밤
어머님하고 둘이 앉아
옛이야기 들어라
나는 어쩌면 생겨 나와
이 이야기 듣는가
묻지도 말아라 내일 날에
내가 부모 되어서 알아보리라

_소월 시, 유주용 노래 〈부모〉

색소폰을 연주하는 친구들에게 〈동백 아가씨〉, 〈울어라 열풍아〉같이 내게도 익숙한 이미자 노래 몇 곡과 유주용의 〈부모〉를 부탁했다. 〈부모〉는 소월의 시에 곡을 붙인 노래로 노랫말과 잘 어우러진 곡조가 애틋해서 잘 기억하고 있는데 한 자락 추억까지 있다. 어느 날 엄마가 "낙엽이~" 하며 시작만 하고 이어가지를 못하기에 내가 "우수수 떨어질 때~"라고 이어받아 함께 부르는데 오소소 전율이 일며 어떤 생각 하나가 번득인 것이다. 엄마딸로 이어지며 무한 회귀하는 인간의 운명이 한순간에 집힌달까, 별다를 것도 없고 대단할 것도 없이, 각자 자기 몫의 인생을 감내하며 흘러가는 시간이란 놈을 한눈에 봐버린 느낌이었다. 이게 인생이었어, 속으로 울부짖음이 터졌다.

하필 엄마가 전날부터 컨디션이 안 좋다고 해서 모처럼의 연주 이벤트에 앉아 있지도 못하면 어떡하나 걱정했는데 다행히 함께하셨다. 막 목욕을 해서 말끔한 얼굴이 지난달보다 더 야위었음에도 불구하고 그저 감사하다.

엄마가 계신 곳은 어르신들이 20여 명에 직원이 10여 명으로 단출해서 보기가 좋다. 늘 시설 밴드에 올라오는 사진을 보고 있으니, 어떤 분의 상황이 가파르게 나빠지는 것까지 알아본다. 그러니 앞에 앉은 아주머니의 손을 잡고 빙글빙글 도는 것도 어려운 일이 아니다. 70세쯤 되셨을까 유독 젊어 보여서 눈에 띄던 차에, 지난번 면회 때 쓱 다가와서 "여기서 나가려면 어떻게 해야 해?" 속삭인 분이다. 얼굴에 표정이라곤 없고 목소리에도 감정이 실려 있지 않아서 으스스하기가 호러 영화 같았다. 어떤 할머니가 연주자에게 팁을 주라고 말해서 웃고, 직원 한 분이 휴지를 길게 뜯어 와 나눠 줘서 또 흥이 돋는다. 여자 어르신들은 앞에 앉아 박수도 치고 호응이 있는 편이고, 남자 어르신들은 무표정하게 뒤에 앉아 있어서 신경이 쓰였는데 일어서지 않고 듣고 있는 것만 해도 장한 거라고 나중에 원장이 말해주었다.

나의 신명이 엄마에게서 온 것일까. 진짜 음치인데도 중학교 때부터 소풍 가서 신나는 음악을 들으면 내키는 대로 움직이는 것이 춤이 되었다. 요컨대 막춤에 능해서 시골 잔치나 노래방 같은 데서 맘껏 뛰어놀곤 했다. 반주 좋겠다, 그새 친해진 직원들과 춤을 추었다. 초반에는 울면서 춤을 추고 나중에는 웃으면서 맴을 돌았다. 엄마를 보고 쏟아진 눈물이 범벅이 된 채로 춤을 출 때는 인생을 희롱하는 광대라도 된 기분이었고, 이내 음악과 춤이 주는 흥겨움에 눈물이 마르고 웃고 있는 나를 느낄 때는 마냥 홀가분했다. 이제는 시설 직원들이 엄마의 가족이니 돌봄노동에 지친 직원들에게 기분전환을 시켜주고 싶다는 마음도 충족되어 미션 클리어. 내가 엄마에게 해 드리고 싶은 것이 '살아서 하는 장레식' 같은 거로구나 싶었다.

    한두 번 더 이벤트를 해드리고 싶었는데 그걸로 그치고 말았다. 다섯 살 손녀의 유치원 친구 몇 명 불러와 재롱잔치를 보여드리면 최고겠다 싶었는데…. 글로 쓰다 보니 색소폰 연주와 재롱잔치처럼 조촐한 일들이 살아서 누릴 수 있는 최고였던가 싶어 어리둥절하다.(24년 3월)

함께
읽고 싶은
책

돌봄과 작별에 대한 수다가
이렇게 유쾌했으면 좋겠어

신소린 《엄마는 죽을 때 무슨 색 옷을 입고 싶어?》

돌봄에 대한 이야기를 꾸준히 읽어왔지만 이 책처럼 유쾌한 경우는 처음이다. 90대 엄마를 독박 돌봄하다 지친 K-장녀가 3박 4일간 딸네로 휴가를 온다. 70대 엄마와 40대 딸의 대화는 자연스럽게 엄마의 마지막에 대한 바람으로 이어지는데 이 3대가 다 보통 사람이 아니다. 농사를 지으며 7남매를 키운 할머니의 생활력은 나이가 들었어도 빠닥빠닥하기만 하다. 노인들이 어떤 경로를 거치며 죽음에 이르는지 관심이 많은데, 이 책 속의 할머니는 10년 전쯤 처음 치매가 시작되었다. 자녀들이 자주 찾아뵙기는 해도 혼자 살고 계시다가 더이상 혼자 지낼 수 없게 되어 저자의 어머니가 열 달간 돌봐드리게 된다. 간병 휴가는 그 시점에 일어난 일이다.

"오메, 어무니! 더와죽겄는디 밭에 뭐다러 나가신대요잉!"
"아따, 시끄럿! 일이 있응게 나가제!"

마치 음성지원이 되는 것처럼 생생한 대화에 웃음이 절로 나온다. 이 대화 하나만으로도 캐릭터가 그려진다. 이후 할머니는 4개월간 데이케어센터를 이용하다가 요양원으로 가신다. 같은 방을 쓰는 어르신과 문을 열고 잘지 닫고 잘지에 대해 한 시간 동안 실랑이를 하셨다니, 어디 가서도 씩씩하게 사실 분이다.

할머니께서 막 요양원에 가신 시점에 책이 나오기도 했지만 여기까지 진행된 것만 보아도 슬프거나 침통한 분위기는 전혀 없다. 시종일관 귀엽고 재미있고 유쾌하기만 하다. 이럴 수 있었던 일등공신은 저자의 어머니이다. 7남매의 맏

이로서 동생들을 진두지휘하는 모습이 유쾌 상쾌 통쾌하다. 아이디어도 좋지만 그걸 실행할 수 있는 권위와 화합의 에너지에 감탄이 나온다. 그이는 머리가 터지도록 간병 스트레스를 받다가 큰딸로서 혼자 부담을 지고 마는 것이 아니라 간병 리더로 거듭난다. 한번은 가(家)톡방에다 큰아들에게 메시지를 남긴다.

**다음 주에는
월요일에 와서
토요일까지
이 여사랑
사랑을 나누시구랴.**

여기에 대고 큰아들이 누나를 언니라고 불러가며 애교를 피우는 바람에 할당량을 줄여줄 수밖에 없었다고. 아들도 최소 60대일 것을 생각하면 그들의 유머가 얼마나 귀한 것인지 모르겠다.

큰언니^^
일주일 넘 길어요.
좀 줄여주세요~!

일반론이지만 딸이 다섯이고 아들이 둘인 집의 장남이면 어떤 대접을 받고 컸을지도 환한데, 노모를 돌보는 데 있어서는 아들이 딸보다 훨씬 소극적인 것이 눈에 띈다.

큰딸은 아예 효도 분량 포인트제를 도입한다. 형제들이 노모에게 할애한 시간을 일일이 기록하고 심지어 중간정산을 해서 할머니 재산을 조금씩 나누어주는 일까지 생각해낸다. 할머니가 마지막까지 '허벌나게' 효도 받으시라고 생각해낸 거라니, '허벌나게'라는 어휘가 이처럼 허벌나는 경우가 또 있을까! 서열을 떠나서 이런 아이디어를 떠올리고 실행에까지 이어진 집안의 분위기가 보기 좋다.

나는 가족주의를 신봉하지 않으며 이미 다양한 대안 가족이 출현하고 있는 것을 알고 있지만, 전통적인 가족을 전부가 아니라 일부로 놓고 하는 말이다. 고령사회가 되어 노인이 90대이면 자녀들은 줄줄이 60대, 70대이다. 가족이 한 몸 같았던 어린 날로부터 너무 많은 시간이 흘렀고, 자기 몫의 인생과제를 수행하느라 원가족의 일은 뒷전이 될 수도 있었을 텐데 한결같은 모습들이 한 편의 동화 같다.

저자의 어머니는 배구와 수영 등산 마니아이며 자유여행도 많이 다녔다. 언제고 여행 가자고 하면 똘똘 뭉치는 여행 메이트가 다섯 명 있었다고 한다. 60대에 시니어 탁구교실에 들어갔는데 강사가 전문가용 탁구채를 구매하면 좋겠다고 하더란다. 중고시절 알아주는 핸드볼 선수여서 체육 특기생으로 대학에 갈 뻔한 실력이 드러났나 보다. 엄마는 15만 원짜리와 50만 원짜리 탁구채를 고른다. 자신에게 돈 쓰는 것을 아까워하던 엄마가 변한 거다. 오빠가 비싼 것으로 선물했고, 엄마는 탁구채가 좋아서 그런지 공에 대한 반응이 확실히 다르다고 좋아한다.

엄마의 호연지기가 몸을 잘 쓰는 사람이 받은 은혜인 것 같아서 부럽다. 그 반대편에 축축 늘어지고 게을러터진 내가 있다. 생각을 바꾸고 싶으면 신체활동을 바꿔보라는 말이 간절한 때다. 이 책에는 일상 에피소드가 많고 수다처럼 편안하게 접근하지만 노화와 죽음에 대한 모든 대안이 다 나와 있다. 할머니의 활발한 성격과 독립심, 엄마의 간병 리더십과 낙천성, 바람직한 친구 관계에 운동습관은 노후대책의 전부 아닌가! 형제들의 하모니에 저자의 감응력까지 모두에게 귀감이 될 만하다.

엄마는 어느새 복지관에 식사하러 다니는 나이가 되었어도 자신의 마지막에 대해 거침이 없다. 산소도 납골도 굳이 남길 의미가 없고, 연명치료는 하지 말고 장기기증을 하거나 시신을 기증해달라고 한다. 혹시 치매가 찾아와도 원래 그랬던 사람처럼 자신을 대하지는 말아달라고 당부하는 엄마를 보며 저자는 자연스럽게 생전 장례식을 떠올린다.

이제 나의 엄마는 가셨지만 필멸의 순번을 물려받은 내 차례를 위해서라도 배울 것이 참으로 많은 가족이다.

마지막 효도라는 명목으로 이름도 모르는 검은 옷의 문상객들과 절하며 사흘을 보내는 새까만 장례식보다, 화려한 꽃

무늬가 일렁이는 알록달록 행복한 장례식이 엄마에게는 더 어울릴 것 같다.
엄마는 장례식에 무슨 색 옷을 입고 싶어?

4

엄마,
죄송해요!

생애 마지막 노동을
우스워하다니

"우리 장태 논도 이렇게 벼가 잘 됐었는데…."

노란 가을 들판에서 엄마가 말씀하신다. 새로 등장한 고유명사가 반가워서 내가 냉큼 묻는다.

"논 있던 데가 장태예요? 그럼 외갓집 있던 동네는요?"

"알미."

장태와 알미. 둘 다 내가 먼저 발음할 수는 없어도 들으면 익숙한 지명이다. 국민학교 내내 방학이면 가서 살다시피 하며 외가는 나의 고향이 되었기 때문이다. 이것이 타고난다는 것이겠지. 나는 시골이 좋고 시골집이 흥미로웠다.

어린 눈으로 외가의 구조를 샅샅이 살펴보던 기억이 선명하다. 그때 외가에서 받은 자연의 세례가 나의 선택을 좌우했다. 20대를 농활로 채웠으며 기어이 농사꾼과 결혼했던 전력이 있고, 나이 들어 귀촌으로 이어지며 시골은 끈질기게 내 삶의 배경이 되어주었다.

스무 살에 결혼하기까지 '알미'에서 나고 자란 엄마는 더하겠지. 결혼 후 세 배 이상을 서울에서 살았어도 엄마는 뼛속까지 시골 사람이었다. 무엇이고 베푸는 넉넉함, 특히 음식을 주위 사람과 나눠 먹으려고 하는 본성은 촌락 공동체의 속성이 아닐지.

2019년 여름, 엄마가 오래 앓아온 파킨슨병이 악화되며 알츠하이머 기미까지 보일 때 나는 무조건 우리 동네로 모셔오고 싶었다. 어차피 병세는 기울었지만 마음이 편하면 진행을 늦출 수 있을 것이라 믿었기 때문이다.

과연 그 처방은 유효해서 엄마는 많이 좋아지셨다. 텃밭에서 '할 일'이 있다는 것이 근면 성실한 엄마에게 최고의 약이 되어주었다. 아침에 일어나면 텃밭 사이의 좁은 통로를 쓸곤 하시는데 나는 그 동작이 좀 우스웠다. 일에 비해 너무 공이 많이 들어간 엄숙한 모습이 부조화스럽달까, 시골 밭이 어지럽혀 있는 게 당연하다는 생각도 있었고 빗자루가 작아서 상체를 바싹 숙이고 밭은 동작으로 삭삭 쓸어나가는 모습이 자연스럽지는 않았다. 쪽파를 다듬을 때도 사소한 노동에 비해 너무 정색을 하고 집중을 하는 바람에 스스로 자랑스러워한다는 느낌마저 들었다.

그러나 머지않아 잠깐이라도 엄마의 몸짓을 우습다고 생각했던 것을 뼈저리게 후회하게 되었으니, 나 자신이 고스란히 엄마를 따라 하게 되었기 때문이다. 빗자루질 이후 5년, 엄마는 저세상으로 가셨고 나에게는 살짝살짝 어지러운 증상이 생겼다. 피로감도 극심해서 간간이 검사를 해봐도 나오는 것은 없었다.

그럴 즈음 어쩌다 휘청할 때면 내가 정말 나이가 들었구나, 등골이 오싹하곤 했다. 평균수명까지 산다고 해도 남은 시간은 20여 년이고 그때까지 생존한다는 보장도 없다. 이제 정말 하고 싶은 일만 하며 시간의 밀도를 높이고, 쓸데없이 껴안고 사는 살림도 정리해야 한다는 생각이 들자 저절로 내가 하고 있는 일에 힘이 들어갔다. 마지막이 확연히 보이자 겉절이를 하는 손길 하나에도 비장함이 깃들며 이 순간이 고맙고 엄숙해져서는 조리가 아니라 무슨 퍼포먼스를 하는 것 같은 느낌이 들었던 것이다.

그 순간 엄마가 상체를 폴더처럼 접고 텃밭 고랑을 쓸던 모습이 떠올랐다. 그때 엄마가 이런 기분이었겠구나! 한발 늦게 엄마의 심정을 뒤집어쓰는 느낌이 기가 막혔다.

빨래를 걷어다 드리면 정성껏 개던 모습도 떠오른다. 입을 꼭 다물고 고개를 요리조리 움직이며 집중하던 엄마의 모습은 세월을 모르는 젊은 친구들이 보면 나처럼 우스꽝스럽다고 생각하기에 충분했다. 마른빨래가 아니라 세상 귀한 보석을 세공하듯 있는 힘이 다 들어간 몸짓은 살아 있음에 대한 경이로움을 드러내는 것이었는데 그걸 우습다고 생각하다니, 울고만 싶었다.

앞으로 더욱 부지런히 노화에 대한 글을 써야겠다는 생각을 한다. 65세 이상이 전체 인구의 20%를 넘은 지금, '늙은 그들'에 대한 이야기가 태부족이다. 이야기가 많이 쌓이면 나 같은 시행착오를 하는 사람도 조금은 줄어들지 않을까. 몰랐다는 것이 백 프로 면죄부는 될 수 없을 테니 말이다.

당신 집에서 한 번 우리 집에서 한 번, 두 번에 그쳤지만 엄마는 반나절 동안 걸레질을 한 적이 있다. 치매 진단을 받은 직후, 서너 시간 정도 쪼그리고 앉아 걸레질을 하시는데 처음에는 조금 무서웠지만 이내 이렇게 착한 증상이 어디 있나, 그렇게 생각하기로 했다. 나중에 책에서 이런 대목을 읽으며 엄마는 의식이 있는 상태였지만 살림의 비중이 얼마나 컸는지 새삼 깨달은 적이 있다.

> **구급차에 실려 가던 어머니가 의식이 없는 채로, 몸을 반쯤 일으키고는 상상 속 천 조각을 상상 속 바늘과 실로 꿰매기 시작했다. 한때 어머니는 솜씨 좋은 뜨개인이자 재봉인이었다. 뜨개로 코트와 정장을 만들었고, 어머니가 뜬 옷에는 빠진 코가 단 한 개도 없었다.** _린 틸먼,《어머니를 돌보다》

평생에 걸친 헌신 끝에 결국 내가 되어버린 노동, 엄마에게 살림이란 그런 것이었다. 비슷한 상황에서 과연 나는 어떤 몸짓을 할 것인가, 내 정신이 아닐 때조차 그토록 갈구하는 노동에 가슴이 쿵 내려앉았다.

공연히 쌩까고
지랄하던 시절

세상에서 아주 중요한 역할을 하고 누구보다 헌신을 많이 하는데도 불구하고 가장 낮은 존재감을 갖고 있는 사람은 누구일까? 그 대답은 '엄마'이다. 딸들은 왜 그렇게 엄마에게 함부로 하는 걸까? 여기에 대한 내 대답은 엄마가 그렇게 해도 내버려두기 때문이다.

작년에 조촐한 관광지에서 40대로 보이는 딸이 80대 초 정도의 어머니에게 냅다 해 부치는 것을 보았다. 높지 않은 계단이 두 갈래로 되어 있는데 한 곳은 스탠드처럼 폭이 넓었고 그 옆으로 정상적인 계단이 있었다. 폭이 좁은 계단으로 갔어야 하는데 어머니가 무심히 스탠드같이 생긴 데로 내려가려고 시도하다가 호된 지청구를 듣는 것을 옆눈으로 보면서 만감이 스쳤다. 그 노인은 사소한 실수를 하려다 말 았을 뿐인데 딸에게 그런 대접을 받은 것이었다. 나도 늙어 가는 엄마에게 그렇게 군 적이 한두 번이 아닌지라 민망하고 송구스러워서 오그라드는 것 같았다.

그때 떠오르는 기억이 두 가지가 있었다. 엄마가 85세 즈음, 두 번 다 우리 집에 계실 때의 일이다. 한 번은 내가 등받이 없는 의자에 앉으려다 순간적으로 중심을 못 잡고 뒤로 넘어진 적이 있었다. 옆에 계시던 엄마가 놀라서 소리를 지르며 괜찮냐고 연신 물어보셨고 나는 된통 짜증을 부렸다. "아유! 엄마 때문에 더 놀랐잖아요!" 내 기세에 놀라 죄지은 사람처럼 머뭇거리며 "그럼 생때같은 장정이 뒤로 넘어가는데 안 놀라?" 하시던 엄마.

또 한 번은 좀 더 악질스럽다. 아들에게서 걸려온 전화를 받고 난 엄마가 아주 귀찮다는 듯이 "왜 전화들은 하고 그래?" 하고 말했다. 엄마가 늘 자식의 전화를 기다리는 것을 알고 있었으므로 속내와 다른 말을 하는 것이 조금 웃기긴 했다. 그렇다고 해도 그렇게까지 모지락스럽게 쏘아붙일 일은 아니었다. 나는 무려 "살았는지 죽었는지는 알아야지요"

라고 말했고, 순간적으로 놀란 엄마가 멈칫하며 동공이 흔들리던 모습이 생생하다. 도대체 왜 그렇게 모진 말을 했을까? 엄마는 나를 편안해하셨고 귀촌하여 혼자 지내는 내가 여건에 맞았으므로 기꺼이 모셔 왔으면서? 엄마에게는 함부로 해도 되기 때문이다. 아무리 생각해도 다른 이유가 있을 수가 없다.

엄마가 딸들을 제치고 아들에게만 집을 물려주겠다고 했을 때 어찌나 서운한지 열 달 동안 연락을 끊은 적도 있다. 여기에 대해서는 이전 책 《엄마와 딸 여행이 필요할 때》에 자세히 썼는데 아들과 딸에 대한 엄마의 이중적인 잣대가 엄청 견고하긴 했다.

역시 그즈음에 생각나는 장면 하나. 85세까지는 동네 한 바퀴 정도 산책도 잘하셨는데 그날은 유독 엄마의 컨디션이 좋았다. 비탈길인데도 어찌나 잘 걸으시는지 그러다 뜀박질도 하시겠다고, 백 세도 사시겠다고 덕담을 건넸다. 그랬더니 엄마가 뛰는 시늉을 하며 "백 살 살면 니가 고생이지. 나 죽을 때까지 여기 있을 건데?" 하셨다. 유산은 아들 주고 죽을 때까지 제일 못사는 우리 집에 계시겠다고? 내가 지랄할 때는 하더라도 지난 일이나 감정에 오래 매달려 있는 편은 아니다. 그보다는 사람 심리를 관찰하는 걸 더 좋아하는지라 그 순간 엄마의 이중적인 잣대가 진짜 흥미로웠다. 엄마는 종교는 없지만 아들 선호라는 문화가 세뇌한 가치관은 종교 이상으로 철저해 보였다.

예전 엄마들은 엄마의 역할 말고는 달리 할 일이 없었다. 그래서 성실한 사람일수록 더욱 엄마 노릇에 매진했고, 다 큰 자식들은 종종 숨 막혔던 것이 아닐지. 말하자면 엄마가 자식을 '너무' 사랑한 것이다. 아니면 성인이 되어 이미 사회적, 경제적, 심리적으로 자신을 능가한 자식을 어릴 때의 자녀처럼 사랑했거나. 자녀가 엄마에게 짜증을 부리는 것은 자기를 좀 내버려두라는 신호이다. 그런데도 엄마가 태도를 바꾸지 않으면 짜증은 일상화가 된다. 엄마는 그냥 그렇게 대해도 되는 사람…이 되는 것이다.

예전 엄마들은 그 한결같은, 거의 퇴행에 가까운 모성으로 살아남았다. 한 바퀴 세상살이를 해본 자식들이 슬슬 인생무상이 실감 나기 시작할 때, 어릴 때와 똑같은 모습으로 그 자리에서 나를 기다려주는 엄마를 발견하는 것이다. 그래서 나는 부모와 나이 든 자녀의 사이가 좋다면 그건 전적으로 부모의 성격이 좋은 덕분이라고 생각한다.

10년 전부터 블로그에 엄마에 대해 쓴 일기를 세어보니 80편이다. 세세한 기록을 보며 그래도 엄마에게 못되게 군 것보다 잘해 드린 것이 조금은 더 된다고 억지로 위안을 구해 본다. 2016년 4월 수원에 살 때 엄마가 3주간 계시다 가셨다는 일기를 보면서 오래 계셨네, 하는 식이다. 그때 집 근처 야산에서 뜯은 나물이 매일 밥상에 올라왔다. "내년에도 죽지 않으면 와서 나물 캐야지" 하던 엄마. 2017년 4월, 내가 제주에서 1년 살기 할 때 엄마와 표선면 가시리로 고사리를 뜯으러 다닌 일기를 보면서는 기록한다는 일이 고마워질 지경이었다. 나물 뜯기를 좋아하던 엄마가 고사리를 꺾는 건 처음이라며 좋아하던 모습을 기록한 내용을 보니 어찌나 위로가 되던지!

나는 이 글을 제일 마지막에 쓰고 있다. 우연히 그리 되었는 줄 알았는데 무의식 깊은 곳에 죄송함이 똬리를 틀고 있어서 그랬을지도 모르겠다. 어느 책에서 나와 똑같은 얘기를 하는 걸 본 적도 있으니 나만 그런 건 아니겠지. 면회 다니면서 그토록 반복해서 죄송하다고 말씀드렸어도 칼처럼 뱉은 말이 그리 오래간다니 이를 어쩔 거나.

오래전 어머니를 잃은 동료가 이렇게 고백했다. 세월이 지나면 그리움도 잦아들고 간혹 잊을 때도 있지만 생전 엄마에게 했던 모진 말은 정말이지 떨쳐지지 않는다고. 같이 시간을 더 많이 보내지 못했다는 자책보다 그때 칼처럼 뱉은 말이 더 서럽다고. 돌아갈 수 있다면 가장 먼저 그 말을 지우고 싶다고. _양정훈,《엄마의 마른 등을 만질 때》

"누군지 몰라도 나 좀 데려가"

입원하셨을 때 집에 가자고 한 것을 제외하면, 엄마가 요양원에서 당신 좀 데려가라고 말한 것은 딱 두 번이다. 어떤 책에서 저자의 어머니가 볼 때마다 데려가라고 했다는 부분을 보며 착해빠진 엄마가 그 말을 자제한 것일까 하는 생각이 스쳤다. 내가 형제들 단톡방에 올리려고 영상을 찍으며 "애들아, 자주 좀 와라!" 하는 말을 시키면 그런 소리 말라는 듯 손사래를 치던 분이었으므로. 그렇게 가기 싫다던 요양원에서조차 자식들에게 조금도 부담을 주지 않으려 하던 엄마가 감탄스러운 만큼 더 안쓰러웠다.

시설에 가신 지 2년이 넘어가던 무렵, 알아보다 못 하다

하며 엄마는 꽤 오래 평온한 상태를 유지하셨다. 휠체어에 앉아 그룹 수업에 참여하시는 정도. 한번은 총기가 아주 좋은 날이었다.

"엄마, 내가 아이를 몇 낳았어?"
"둘."
"글쎄 홍락이가 애를 낳았다우."
"계집애지?"

내가 사 갖고 간 케이크와 딸기우유를 맛있게 드신 후였다. 아버지와 자식들 이름을 죽 꿴 엄마와 제법 정상적인 대화가 되더니 이후에는 "나 좀 데려가"로 일관하신 것이다. "바람도 쐬고 너 따라가려고 하는데…" 망설이며 조심스럽게 말하는 투가 분명히 내 엄마이다. 이렇게 속내를 드러낸 적이 없었기 때문에 당황했지만 임기응변으로 넘기는 수밖에 없었다.

마지막으로 2~3주라도 집으로 모시고 싶다는 생각을 곱씹다가 막 접은 뒤였다. 막대기처럼 마른 엄마의 팔다리를 보니 겁이 나고 엄두가 나질 않았다. 잘못 추슬렀다가는 뚝 뚝 부러지고 말 것만 같았다. 차를 안 갖고 와서 오늘은 못 모셔 간다, 나 혼자 결정하면 안 되고 형제들이랑 의논해서 곧바로 오겠다… 곧 잊어버리기만을 바라며 거짓말을 하다 보니 못할 노릇이다. 엄마가 계속 그 말만 했기 때문에 나도 계속 거짓말을 하다 보니 너무 괴로워서 서둘러 일어서고 말았다.

"바람 쐬고 싶다"라는 말이 가슴 아파서 내내 걸렸는데, 반짝 기억이 돌아왔을 때 하는 엄마의 말 습관이라고 생각하며 합리화를 한다. 내가 눈물을 글썽이며 돌아설 때 엄마 얼굴이 무표정하던 걸 보면 말이다. 표정을 일그러뜨리며 눈물이라도 흘린 것보다 그게 백배 낫기는 하지만. (23년 10월 5일)

다른 한번은 나를 알아보지 못한 날이었다. 면회 가면 늘 하던 대로 엄마의 생애를 인정하고 평안을 비는 기도를 따라 하시게 했다. 영상을 반복해서 찍느라 기도가 세 번쯤 계속되었을 때 잘 따라 하던 엄마가 눈을 지그시 감았다. 머리가 아프신 걸까 걱정이 스쳤다. 내 기도가 잔뜩 오그라든 두뇌 용량을 넘치게 자극한 건 아닐까. 분명 그때를 전후로 엄마에게 심경의 변화가 있어 보였다. 낯설어서 뜨악하게 묻는 말에 겨우 대답이나 하던 분이 입을 열어 "나 좀 데려가" 하신 거다. 그건 정신없는 상노인에게도 가장 절박한 속마음일 거고, 당연히 비밀스럽게 울렸다. 꼭 스파이가 비밀지령을 전하는 것 같았다.

"어디로 데려가요?"

"너 가는 데로."

"내가 누군지도 모른다면서 데려가래?"

"누군지 몰라도 나 좀 데려가."

아아, 이 순간을 어찌 잊을까. 산다는 게 꼭 농담 같았다. 평생을 쓸고 닦고, 먹이고 키우고, 웃고 울고, 노심초사하고 베풀며 살아온 노고의 끝에 이런 장면이 기다리고 있다니…. 지금 무언가로 골치를 썩고 있는 사람이 있다면 그이의 어깨를 흔들며 마구 소리치고 싶었다. 산다는 건 그렇게 심각한 게 아니야. 끝이 분명한 연극 같은 거라고. 결국은 이렇게 끔찍한 농담이 기다리고 있다니까. 어떤 상황에서도 웃으며 산다 해도 아까운 게 인생이란 말이야!

그날은 딸이 시간이 되어 운전해 준 덕분에 엄마 면회를 핑계로 미니 여행을 잘 했다. 파주의 벽초지수목원은 꽃잔

치였고, 마장호수도 기대 이상으로 좋았다. 딸이 가성비 좋은 호텔을 고르는 데 선수인 것은 익히 알고 있지만 이번에는 호텔 측에서 인심 좋게 두 단계나 업그레이드해 주는 바람에 널찍한 객실을 누렸다. 연휴의 시작이라 내려오는 길이 밀렸다. 보통 1시간 40분 걸리는 거리가 3시간 40분이 걸렸다. 졸다 깨서 바라보는 차량의 정체 행렬에 대고 묻고 싶었다. 다들 어디로 가고 있느냐고. (23년 5월)

"카프카의 《변신》에서 그레고르 잠자가 벌레로 변한 것과 소녀가 노인이 되는 것 중 어느 것이 더 끔찍할까요?"_한귀은,《이토록 영화 같은 당신》

> 함께 읽고 싶은 책

"엄마, 치매에 걸려줘서 고마워요"

리베카 솔닛, 《멀고도 가까운》 | 사노 요코, 《시즈코 상》 |
소피 카르캥, 《글 쓰는 딸들》 | 린 틸먼, 《어머니를 돌보다》

어떤 문화든 엄마의 아들 선호가 강해서일까, 아니면 동성이라는 이유로 딸에게 경쟁심이나 질투심까지 가졌던 것일까? 엄마가 딸인 자신을 시기했다고 쓴 글을 찾기 어렵지 않다. 리베카 솔닛은 어머니가 아들이 잘생겨 보이는 것에는 만족하면서, 자신의 금발 머리에 대해서는 시샘을 감추지 않았다고 쓰고 있다. 사노 요코는 어머니가 고등학교 때 가정방문 온 교사에게 딸을 질투한다고 말했다고 기억한다. 자기가 시키지 않아도 알아서 척척 일 처리를 할 때 엄마가 뜨악해했다는 기억이 많다고 한다. 린 틸먼은 "어머니는 딸

셋을 모두 질투했다"라고 회고한다. 아마추어 화가에 뜨개질의 장인에 글도 썼던 어머니는 재주가 많고 판단력이 빠르고 담대했다. 경쟁심도 강해서 막내딸인 저자가 작가로 인정받는 모습을 싫어하는 듯이 보인 적도 많았다.

엄마는 딸이 생애 최초로 맞이하는, 가장 친밀한 관계이기에 엄마의 영향은 시기심에서 멈추지 않는다. 리베카 솔닛의 어머니는 별다른 위험에 처해보지도 않았으면서 온갖 위험을 상상하느라 두려움을 키워주었다. 딸이 처음 도시로 이사를 하자 그 도시에서 강간, 살해된 젊은 여성들의 기사를 오려서 보내주었다니, 그 엄마 조금 심하긴 하다.

"아직 설거지를 마치지도 못했는데 어떻게 천국으로 가니? 지저분한 접시가 부딪히는 소리가 천국의 소리보다 더 크게 들리면 어떡하니?"

책 속에 연극 대사처럼 처리한 어머니의 목소리가 일품이다. 여자들에게 주어진 살림과 정리정돈의 의무가 이 어머니에게 더욱 극적으로 내면화한 듯 표현이 절묘하다.

여기에서는 정리정돈이 대두되었지만 엄마의 규범은 알

게 모르게 딸을 지배한다. 때로 강압적으로 작용하는 목소리에서 벗어나려고 애쓴 시간 동안 모녀는 불화했다. 자기네 모녀가 화목했던 시기는 자신이 기억하기 전과, 어머니가 기억을 잃은 후였다고 말하고 있으니 말이다.

사노 요코 또한 엄마에게 '치매에 걸려줘서 고맙다'고 말한다. 어릴 때부터 한번도 따스하게 안아준 기억이 없는 엄마였다. 오빠가 열한 살에 죽은 뒤로는 자기가 대신 죽기라도 바란 양 학대받았다고 기억한다. 사노 요코의 엄마도 대단한 성격을 가졌다. 그 시대가 요구하는 역할이나 책임에서 완전히 자유로운 듯한 모습이 인상적이다. 엄마에게는 지적장애를 가진 동생이 둘 있었는데 바로 아래인 이모가 돌본다. 사노 요코도 그 이모네 집에서 묵으며 학교에 다녔다. 어쩌다 이모네 다니러 온 엄마가 "얘, 이 사람들 좀 치워. 밥맛 떨어지잖니"라고 말했다는 대목에서 혀가 내둘러진다.

나는 엄마이자 딸인데도 엄마 쪽을 변호해주고 싶어진다. 그들도 그저 완전하지 않은 인간이었을 뿐이라고. 자신의 타고난 성격에서 벗어날 수 없었으며 커가는 딸에게 자신이 얼마나 막강한 영향을 미치는지 전지적으로 알 도리가 없었던, 그냥 보통 사람. 그렇게 한 수 접는다 해도 이미 엄마의 많은 것이 딸에게 들어와 있다. 그건 딸의 인생에 결정적인 경우가 많아서 좀처럼 지울 수가 없다.

리베카 솔닛은 어머니에게서 도망쳐 책 속으로 도피했다고 한다. 많은 독자가 좋아하는 사노 요코의 시크함에는 세상의 이목을 신경 쓰지 않는 자기 중심성도 보이는데, 이건 엄마에게서 물려받은 유전자가 아닐까.

이런 내 생각을 받쳐주듯 《글 쓰는 딸들》이라는 책에는 아예 "뒤라스, 보부아르, 콜레트와 그들의 어머니"라는 부제가 붙어 있다. 저자는 '빅 마더'를 둔 세 사람을 한 무대에 올리고 싶었단다. 책표지에서 뒤라스는 영화 〈연인〉을 통해 갖게 된 앙큼한 느낌이 아닌 지적인 생활인의 모습이고, 보부아르는 세련되고 날카로운 모습 그대로, 콜레트가 두 사람보다 40년쯤 앞서 태어난 사람답게 고풍스러운 옷차림을 하고 있다.

보브아르의 어머니는 전형적인 상류층으로 엄격하고 지배 본능이 강했다. 나중에 성인이 된 딸이 쓴 《얌전한 처녀의 회상》을 읽다가 자신이 금지한 책들을 딸이 읽었으며, 그 사실을 감추어왔다는 사실을 알고 분노한다.

40년이 지났는데도 어머니는 내가 열 살 때 당신에게 거짓 말을 할 수 있었다는 사실을 견디지 못했다.

베트남이 프랑스 식민지였던 1920년대, 혼자 아이들을 키우던 뒤라스의 어머니는 훨씬 소설적이다. 열다섯 살 반밖에 안 된 딸의 '가벼운 수준의 매춘'을 용인하는 장면은 실로 복잡미묘하다. 나이 많은 중국 남자와 연애는 안 되고 살아남기 위한 방편으로는 묵인할 수 있다?

남자와 자고 왔다 싶으면 어머니는 나무 막대기, 빗자루 같은 것으로 나를 때렸다.
어머니는 내가 그 남자를 만나는 데 돈 말고 다른 이유가 있

냐고 물었다. 아니라고 나는 대답했다. 순전히 돈 때문이라고 했다. _《연인》

두 사람에 비하면 콜레트의 어머니는 넘치는 감성과 열정으로 콜레트에게 사물과 자연을 관찰하는 태도를 키워주었다. 아홉 살짜리 아이에게 양각 장식이 들어간 은잔으로 포도주 한 잔을 곁들여 호사스러운 간식을 먹게 했다. '감각의 영역에서든 정신의 영역에서든 심미안을 기를 수 있다면 무엇이든 아이들에게 금지해서는 안 된다는 신념에서 나온 행동'이었다.

이쯤 되면 나도 엄마로서 딸에게 어떤 영향을 미쳤을지 등골이 오싹해진다. 딸에게서 "젊었을 때 엄마는 지금 같지 않았어"라는 말을 들은 적이 있다. 나이 들며 나아진 것은 다행이지만 예전에는 성격 급하고 오만해서 어떤 만행을 일삼았을지 민망하기 짝이 없다. 자기를 키울 때의 엄마가 얼마나 미숙한 인간이었는지를 받아들이려면 자신이 엄마가 되어 느끼는 것이 최고일 텐데 내 딸은 애를 안 낳는다니,

망했다.

**나는 어머니를 위해 슬퍼하거나 어머니를 애도하지 않았다.
나는 안도감에 마비되었고 피로로 녹초가 되었다. 환희가
아니라 현기증을 느꼈다. 11년이라는 짐, 어머니라는 짐이
떠났다.**

소설가이자 영문학 교수인 린 틸먼의 신랄한 문장 앞에서 가슴이 철렁 내려앉았다. 린 틸먼은 여섯 살부터 엄마가 싫었다고 한다. 어린아이처럼 솔직한 발언에 실소했고, 그랬던 사람이 엄마에 대해서 책을 썼다는 사실이 예사롭지 않다. 어머니는 98세 생일파티를 치르고 눈을 감았으니 그 야말로 천수를 누린 분이다. 저자는 어머니의 상태와 딸들의 심경은 물론 병원과 간병인에 대한 경험을 소상하게 기록했다. 덕분에 뇌에 손상이 온 고령 환자가 끝까지 가족에 의해 돌봄을 받다 집에서 생을 마감하는 케이스에 대한 질적연구가 탄생했다. 사랑의 반대말이 증오가 아니라 무관심

이라고 친다면 애정이든 증오든 끝없는 양가감정이 휘몰아치는 존재 - 엄마와의 인연이 결코 간단하지 않다는 생각이 든다. (린 틸먼은 두 언니와 협조하여 11년이라는 긴 간병을 완수했는데, 그 과정을 책으로 쓴 린 틸먼만 기억된다.)

사노 요코의 기고만장했던 엄마도 늙어 치매에 걸린다. 사노 요코는 엄마를 사랑하지 않는다는 죄책감 때문에 비싼 실버타운으로 모신다. 노후를 위해 모아둔 돈을 깡그리 쏟아붓고 매달 자신의 생활비보다 많은 돈을 지불한다. 그러고도 초반에는 혼자서는 실버타운의 엄마 방에 들어가지 못하고 꼭 누군가를 대동할 정도로 서먹함을 느낀다. 이제는 딸도 늙어 암이 전이되어 시한부 2년을 선고받고, 어느 날 작가는 엄마 옆에 눕는다. 엄마. 끝없는 퇴행을 부르는 이름. 그 이름과 마침내 화해한 것이 반대의 경우보다는 낫지 않을까.

엄마, 나 지쳤어요. 옆에 누워도 돼요?
나도 모르게 나는 그렇게 말했다.

그럼, 그럼.
나는 엄마와 이불 속에서 아직 가르지 않은 나무젓가락처럼
꼭 붙어 있었다.
뭐야, 별거 아니잖아.

5

엄마의 말을 들어드리다

서로의 얼굴을
오래 바라보자 일어난 일

 엄마 가시고 이런저런 책을 읽다 보니 엄마의 죽음은 그만하면 괜찮은 죽음에 속했다. 우선 암이나 질병으로 인한 극심한 통증이 없이 자연사에 가까웠고, 치매 증상도 너무 순했다. ('치매'라는 말을 쓰기 싫지만 맥락상 쓰고 있는데 "아무개가 치매래"하는 표현은 인격 모독은 물론이고 무지에서 나온 말이다. 누군가 인지저하증이 시작되었다고 해도 늘 그 상태인 것이 아니고, 존재 자체가 치매인 것이 아니기 때문이다.)

 엄마는 50년을 살아온 당신 집이 낯설다고 하고, 자식들을 알아보다 못 하다 하는 증상에서 그쳤다. 1장에서 소개한 《천 일의 순이》만 보아도 증상이 극심해서 할 말을 잃었는데 거기에 더해 폭력 증세까지 보이는 분이 있다고 하니 나는 다행이었지만, 다들 큰일이다.

치매에 걸린 할머니를 돌보는 콘텐츠를 기획해서 주목받은 손녀가 있다. 할머니는 맞벌이하는 부모 대신 자기를 키워주었고, 여섯 살에 부모가 이혼한 뒤로는 더욱더 의지가 되어준, 세상에서 가장 당연한 사람이었다. 그런 할머니가 치매에 걸린 지 4년, 힘들어하는 엄마를 보는 것도 힘들고 자신도 언제쯤 돌봄에서 자유로워질 수 있을지 가늠해 보다가 진저리를 치던 어느 날, 손녀는 유튜브를 떠올린다.

배변 실수를 한 할머니를 씻겨드리고 나서 힘들어서 엉엉 울고 난 날이었다. 할머니와 함께한 세월과 추억을 이렇게 끔찍하게 마무리할 수는 없다는 생각에 손녀는 유튜브로 돌파구를 삼는다. 유튜브는 성공적이었고 주변의 애정 어린 시선을 받게 된 할머니는 깜짝 놀랄 만큼 명랑해지고 특히 언변이 좋아진다.

한평생을 살아온 내공에 치매라고 하는 불청객이 무슨 조화라도 부린 걸까? 사람들이 정곡을 찌르는 할머니의 입담을 좋아하자 손녀는 아예 구독자 고민 상담 코너를 만든다.

타인에게 상처받지 않는 방법을 묻는 사연에는,
"정허믄 돼야, 내가. 내가 내 자신을 정허믄 된다고."
늦었지만 이제라도 사랑을 할 수 있을지 묻는 사람에게는,
"늦게 만난 사랑이 더 기쁘고 좋을 수도 있으니까
포기 말고 사랑허고 살아요. 사랑을 안 허고 살면 사람이
망가져서 안 돼요."

_김영롱,《우리는 서로의 얼굴을 오래 보았다》

지면으로만 보아도 구독자들이 어떤 점에 열광하는지를 알겠다. 치매에 걸린 할머니의 입에서 나온 인생론은 모든 검증을 마치고 살아남은 수칙처럼 탁월하고, 친할머니가 해주는 말처럼 따스했다. 손녀의 바람대로 다시 한번 할머니와 즐겁게 살게 되어서 남의 일이라도 너무 좋다.

그 할머니가 원래 가지고 있었던 판단력과 상담 능력이 극대화된 것이리라 짐작해본다. 치매 판정을 받은 초고령자라도 자신이 사랑받고 있고 아직 쓸모 있다는 느낌을 가질 때 인지활동이 절정에 이르렀다. 구체적으로 치매가 어떤 역할을 했는지는 전문연구가 필요하지만 나는 충분히 이해할 수 있었다. 엄마에게서도 정도는 약하지만 비슷한 변화가 있었기 때문이다.

한번은 뜰에서 풀을 뽑으며 꽃까지 뽑기에 그러지 말라고 했더니 "내 맘대로 할 거야" 이러신다. 엄마가 주도성을 잃은 지 오래되었고 당신 맘대로 할 수 있는 일이 전혀 없다는 것을 알고 있었으므로 그 간단한 말이 내 가슴에 들어와 박혔다. 어느 친척 이야기를 하며 "미친년" 하시는데 걸걸한 중년 남자의 목소리가 나온 적도 있었다. 엄마의 내면에 있던 다른 인격이라도 발현된 것처럼 낯설고 놀라웠다. 한 번에 그쳤으니 망정이지 계속되었으면 정말 무서웠을 것이다.

완벽한 대화

이처럼 종잡을 수 없는 변화가 휘몰아쳤지만 그중에서 엄마에게 가장 큰 변화는 표현력이었다. 말을 들어드리는 것이 가장 큰 효도라는 걸 알고 있었으므로 가끔 귀 기울여 들어드리면 엄마는 신이 나서 한 말씀을 하고 또 하셨다.

그때는 우애가 좋았지. 돌아가면서 먹는 게 일이었으니까. 친목계 하던 일곱 쌍이 옷을 싹 맞춰 입고 놀러 간 적이 있어. 여자들이 먼저 한복을 맞춰 입으니까 연심이네서 남자들 바지를 해준다는 거야. 그 집이 양복점을 했잖아. 그러니 남자들이 또 가만 있나. 바지에 맞춰서 양복을 싹 해 입은 거야. 늙지도 젊지도 않은 사람들이 일곱 쌍이나 새 옷으로

싹 맞춰 입고 다녔으니 얼마나 볼만했을까. 재혼한 쌍들도 아니고. 큭큭. (이 대목에서 엄마는 꼭 소리 내서 웃는다.) 바느질집 할매하고 복덕방집 할매가 부러워해서 두 할매까지 데리고 차를 대절해서는 처음에 원주 치악산으로 갔지. 하룻밤을 놓고 났는데도 음식을 얼마나 많이 해 갔나 음식이 잔뜩 남은 거야. 설악산 가겠느냐고 했더니 버스 기사도 간다 하대. 희철 엄마가 광천 사람이잖아. 회 같은 거 좋아하니까 잔뜩 사 오고 신이 났지. 우리는 그 시절에 회 먹을 줄도 몰랐어. 그때 배워서 아버지도 회를 좋아하게 된 거야.

이것이 엄마의 기억 중 가장 화려한 것이다. 나는 엄마가 매번 똑같은 대목에서 큭큭 웃으시는 것이 신기하고 또 아련했다. 일곱 쌍이 한껏 차려입고 놀러 다니며, 재혼한 것도 아니고 이게 뭐냐고 농담을 하고 왁자지껄 웃는 모습이 보이는 것 같았다.

이 길지 않은 이야기에는 엄마의 많은 역사가 담겨 있다. 결혼하고 죽 살았으니 터줏대감이래도 좋을 동네에서 엄마는 설 자리를 잃어버렸다. 아버지가 돌아가시자 스스로 위축되기도 했고, 동네 친구들 중 주변부에 있던 그룹이 치고 올라온 탓도 있었다. 여편네들이 나랏돈이라고 하루 종일 에어컨을 펑펑 켜놓고 산다고 못마땅해하며 경로당에도 가지 않았다. 이래저래 엄마의 세계는 점점 좁아졌는데 이 이야기에는 재미있게 어울리며 살던 때의 기억이 들어 있는 것이다. 친목계원이 아닌 할매들까지 품어주는 넉넉함이 있던 시절, 엄마는 당당한 인생의 주역이었다.

아버지는 소주를 즐겨 드셨다. 외가에서 담가 오는 동동주도 마다하고 소주만 드셨다. 안주로는 회를 즐기셨던 듯 "회 한 사라에 소주 한 잔 먹고 싶어" 하는 말이 아버지의 마지막 말이 되었다. 수술 때문에 속을 비워 허전하셨고 무슨 예감이라도 있었던 듯 착잡한 마음을 소주 한 잔에 담아내셨던 것 같다.

가벼운 수술이라 여겼고 수술은 성공적이었다는데 마취에서 깨어나지 못한 채 72세에 돌아가신 아버지. 장례식에서 나를 보자마자 엄마는 "내가 니 애비를 굶겨 보냈다"며 서럽게 울었다. 죽고 사는 것은 하늘의 일이지만 식구에게 음식을 챙겨주는 것은 엄마의 일이었고, 그걸 못해서 더 사무친 것 같았다.

나는 나대로 그런 엄마의 말에 가슴이 더 무너졌다. 엄마에게도 나에게도 '회 한 사라'의 기억은 그렇게 아픈 것이었다. 회를 먹을 줄도 몰랐던, 젊은 날의 부모님이 무한히 살아 내게로 걸어온다. 남자들의 양복은 보나마나 '곤색'이라고 불리던 감색일 거고, 여자들의 한복은 보나마나 화사하기 그지없는 분홍색일 것이었다.

치매 초반, 직전 기억이 빠르게 휘발되는 대신 엄마의 언어 구사력은 놀랍도록 솔직하고 발랄해졌다. 엄마 표현대로 늙었다고 죄인처럼 지내다가 이 정도로 새침하게 구는 모습도 여간 흥미로운 게 아니었다.

(핸드폰을 들고 방으로 들어가시기에)
"누구한테 걸려구요?"
"애인."

(평소보다 아파하시기에)
"많이 아파요? 어떻게 아파요?"
"아주 기분 나쁘게 아파."

엄마가 걷지 못하게 되었을 때 나눈 대화도 기억난다. 화장실에도 기어서 가야 하는데 너무 자주 가시는 거다. 낮에는 40여 분마다 쉬지 않고 들락날락한다. 운동 삼아 다니시라고 참견도 안 하다가 안쓰러워서 한마디했을 때였다.

"힘들지 않으세요? 가야 나오지도 않는다면서 좀 참았다 가지."
"근데 화장실에서만 나오면 또 마려워."
"그럼 가세요."
"가고 있잖아."

그때 하마터면 웃음을 터뜨릴 뻔했다. 완벽한 대화였다. 걷지도 못하게 된 노모와의 대화가 이렇게 아귀가 맞은 데에는 엄마에게 자기방어라는 끈이 살짝 느슨해진 덕분이 아니었을까?

산다는 것은
누군가 내 이야기를 들어주는 것

때로는 말씀이 어찌나 치밀하고 유창한지 녹음을 했으면 좋았겠다고 한탄한 적도 있다. 묘사가 섬세하고 감정이 살아 있어 놀라서 듣곤 했다. 기억을 되살려 옮겨보면 서너 줄밖에 되지 않았지만 정확하거나 발랄하거나 어느 쪽을 보아도 엄마가 그렇게 자기표현을 잘하는 사람이었는지 어리둥절했다.

"속옷 삶은 물에 걸레 좀 비누질해서 빨려고 했는데 그걸 못하겠는 거야. 막 팔이 후들거리고 쓰러질 것 같아서 화장실에서 침대까지 오기를 억지로 왔다니까. 얼마나 아픈지 꼭 애기 나오려고 문 잡은 것 같았어."

"애기가 나오려고 하는 걸 문 잡았다고 해요?"
"응."

(내가 혼자 가위로 자른 머리를 보시며)
"머리가 정말 이쁘네. 어제는 좀 이상하더니 오늘은 완전히 길들었어. 우리는 머리가 짧으면 뻗치는데 너는 안으로 도르르 말려 들어가서 고데기로 만 것 같애. 뒷머리는 아주 좋고, 앞머리도 좋아. 미스 같애."

그즈음 하신 말씀 중에 빚에 대한 농담 3단 콤보가 있다. 처음에는 "빚 받으러 왔나. 맨날 누워 있게" 하는 말을 자주 하셨다. 깔끔한 성격의 엄마가 딸네 집에서 계속 누워 있는 것이 미안한가 보았다. 이 말을 여러 번 반복하셨는데 여기에 장난기가 더해져 "빚 받으러 왔으니 또 누워야지"로 바뀌었다. 그만큼 편안해지신 것 같아서 내 마음이 좋았다. 이 말은 점차 "빚을 줘야 가지"로 바뀌었는데 평소의 엄마답지 않은 배짱이 느껴진다. 초반의 미안함 대신 자기가 할 만큼 했으니 너도 나를 돌보라는 뱃심이 자리 잡았다. 인지저하증이 진행되며 속마음이 나온 것 같다. 아직은 엄마와 딸의 인연이 남아 있다는 말로도 들을 수 있다. 그렇다면 돌아가실 때에는 이승의 빚을 다 받으셔서 조금도 억울한 것 없이 영면에 드셨기를 바랄 뿐.

이제 그즈음 엄마의 말 중에서 가장 가슴 철렁했던 말을 소개할 차례이다.

여기가 어디야?
엄마 딸네 집이잖아요.
그럼 니가 큰 딸이야?
아니에요. 둘째예요.
내가 정신이 나갔나 봐. 남의 딸 같아. 명석이랑 지낸 건 생각나.
내가 명석이에요.
니가 명석이야? 애들은 몇이나 두었어?

사람들이 꿈속마냥 변했어. 꼭 꿈을 꾸고 난 것 같아.
(21년 3월)

정신이 오락가락하는 상노인의 입에서 나온 "꼭 꿈을 꾸고 난 것 같아"라는 말에 깜짝 놀랐다. 그 말은 어떤 책, 어떤 경험보다도 강렬하게 나를 감쌌다. 정말 그랬다. 나만 해도 적지 않은 세월을 좌충우돌 저지르며 살아왔는데 지난날은 아주 납작해졌다. A4 한 장만큼도 부피감이 없었다. 생각은 다 나는데도 내가 정말 그날들을 살기는 산 것일까 아득해서 꼭 전생 같았다.

지금 엄마가 한 말을 정리하는데도 아주 이상한 기분이 든다. 엄마는 감쪽같이 사라져버렸다. 엄마의 목소리 톤이 느껴질 정도로 생생한데도 허상처럼 사라져버린 괴이함…. 이것이 꿈이 아니면 무엇일까. 시간은 아주 짧은 향유의 기회를 주고 시시각각 과거로 밀려가고 있었다. 내가 만질 수 있고 살아낼 수 있는 것은 오직 '지금, 여기' 뿐이었다. 수많은 현자가 그토록 입을 모아 강조한 '지금, 여기'가 이런 뜻이었구나….

엄마의 죽음을 겪으며 겨우 한 단계를 넘어간 기분이다. 가공할 만한 시간의 위력에 눈을 뜨고 죽음을 생생하게 느끼고 나니 세상이 다르게 보인다. 온통 살아 있는 사람으로 가득한 것이 신기한데 그들이 영원히 살 것처럼 굴고 있는 것도 어이가 없다. 인생이 한바탕의 긴 꿈이 맞다면 이 금싸라기 같은 시간에 무엇을 해야 하고 무엇을 할 수 있을까.

앞에서 소개한 손녀 유튜버는 할머니가 얼마나 사랑받고 있는지를 알려주고 싶어서 구독자들의 댓글을 읽어준다. 할머니는 이토록 감동적인 말로 손녀에게 감사를 표한다.

"우리 영롱이… 내 눈이여, 눈. 모든 걸 일러주고 가르쳐주는 눈."

이것이 치매 판정을 받은 지 최소 5년이 된 노인이 할 수 있는 말인가? 우리가 치매에 대해 얼마나 무지한지를 인정할 수밖에 없지 않은가? 영상을 찍으며 할머니는 다시 일상의 주인이 되었다. 화투로 트리를 꾸미고, MBTI 검사를 한다든지 하는 일정이 이어졌지만 가장 중요한 것은 젊은 날처럼 자기의 말을 들어주는 사람들이 있다는 사실이 아니었을까?

손녀의 발상과 실행력 덕분에 그들은 자기 가족의 서사를 해피엔딩으로 다시 썼다. 나는 이들의 이야기에서 강한 암시를 받는다. 내 앞에 아직 삶이 펼쳐져 있을 때 해야 할 일. 유튜브의 성공이 중요한 것이 아니라 내 이야기를 내 힘으로 써나가는 사람들에게 감격한다. 산다는 것은 어쩌면 나의 이야기는 무엇인가 하는 것과, 과연 누가 그 이야기를 들어주는가 하는 것인지도 모르겠다.

> 함께
> 읽고 싶은
> 책

'고통 없이 가시게 하지 뭐 하러 질질 끄냐'는 질문에 대하여

박희병, 《엄마의 마지막 말들》

"저 사람은 목숨값 다 하네."
엄마가 아직 건강하실 때 한번은 같이 TV를 보던 중에 이런 말씀을 하신다. 중년의 아들이 가족과 떨어져 자연에 살며 홀로 노모를 모시는 장면이었다. 나는 '목숨값'이라는 시적인 표현에 놀라 엄마를 쳐다보았다. 그 말은 엄마가 주로 사용하던, 생활로 점철된 언어와 전혀 달랐다. 엄마가 그런 어휘를 구사하신 것에 놀란 것이다. 내가 언어에 민감하므로 누구의 말이든 인상 깊은 표현이면 오래 기억하는데 그중에는 엄마의 말도 많다.

아버지가 돌아가셨을 때 장지에서 사위 하나가 석관을 사 와서는 나중에 장모님도 함께 모실 수 있다고 하자 "난 안 죽을 거야" 하던 엄마. 당시 63세였으니 죽음이 남의 일처럼 아득했을 거고 저런 말을 할 정도로 발랄하셨네. 든든한 보호막인 아버지가 돌아가시고 불어닥친 노화의 폭풍이 얼마나 혹독할지 그때만 해도 모르셨을 것이다.

80대에 이르러 한평생 살아온 연륜이 무르익자 가끔 어록이 터지기도 했는데 내가 감탄한 말에 이런 것이 있다. 먼 친척이 중년의 아들과 살림을 합쳤다가 얼마 되지 않아 학을 뗐다는 소식을 전하면서 하신 말씀이다. "고등학생 때의 아들인 줄로만 안 거지."

나는 그 한 마디에 그들이 겪었을 장면들이 보이는 것 같았다. 아들은 세파에 시달리며 고집이 생기고 욕심도 커진 중년의 생활인이 되었는데 엄마는 과거에 머물러 있었던 것이다. 따로 살 때는 자기가 보고 싶었던 모습만 보아도 괜찮았지만 같이 살다 보니 생판 달라진 아들의 민낯과 호되게 부딪친 게 아닌가 싶다. 요즘은 엄마가 했던 말이 새로 떠오르면 그렇게 반가울 수가 없다.

그래서 《엄마의 마지막 말들》이라는 책을 발견했을 때 몹시 반가웠다. 아들이 말기 암과 알츠하이머로 병원 생활을 하는 엄마의 말을 기록한 책인데 저자의 돌봄에는 내가 도저히 따라가지 못할 위엄이 있었다.

이 책을 지은 박희병은 태생적으로 진중하고 성실해 보이는데 어머니와 각별하게 돈독했는지 어머니를 공경하는 모습이 참으로 살갑다. 장기 요양환자의 경우 한 병원에 오래 있을 수 없다는 규정이 있나 보다. 병원을 주기적으로 옮기느라 어머니를 모시고 구급차를 탄 것이 열두 번 정도 된다니 존경심이 다 든다. 어머니께서 병원 밥을 잘 못 드시자, 도토리묵이며 두부같이 부드럽고 평소 즐겨 드시던 음식을 준비하는 대목에서 이분은 정말 '목숨값' 다 한다는 생각이 들었다.

"쪼게 덜 삶겼다. 껍질이 있다."

어머니가 좋아하시던 울타리콩을 30분쯤 푹 삶아 갔는데도 노모에게는 설컹거렸는지 이렇게 말씀하시자, 집으로 갖고 와 20분을 더 삶아서 갖다 드리는 아들이라니!

어머니가 오래 살았던 수유리 옛집 뒤 북한산 기슭에는 밤나무가 많아 아버지가 아침 산책을 하며 밤을 한 움큼씩 주워 오곤 했다. 그 밤을 삶아 셋이서 맛나게 먹던 기억이 20년이나 쌓였으므로, 어머니의 입맛을 돌아오게 하기 위해 저자는 밤골을 뒤진다. 전에는 사람들이 재미 삼아 조금씩 주워 갔는데 요즘에는 기를 쓰고 싹쓸이해 가기 때문에 가까스로 밤알 다섯 개를 주웠는데 그중에서도 둘은 썩었다. 저자가 좋아라 갖다 드린 밤골의 밤을 보고 어머니는 눈을 반짝이며 좋아하셨다. 어떻게 사랑하며 키우면 이런 사랑을 되받을 수 있는 걸까, 데면데면한 성격의 나는 그만 감격하고 만다.

책갈피마다 소중하게 여며 넣은 모자의 시간이 너무 애틋해서 저자를 검색해보니 인터뷰가 하나 나온다.

"남들이 보면 정신없는 사람이 한두 마디 내뱉는다 생각할 수도 있겠지만, 저에게는 굉장한 의미로 다가왔습니다. 깊은 심연에 가닿는, 서로 합치되는 느낌을 받았죠."

_조선일보(23년 11월 27일 자)

  과연 60대의 교수 아들은 어머니의 짧은 말이 품고 있는 의미를 심층적으로 받아 안고 있었다. 그 짧은 말에서 모자가 함께한 긴 세월 동안 어머니가 하지 않은 말까지 다 알아차리고 있었다.

  저자의 섬세한 관찰력은 병원마다 중환자를 대하는 태도가 다른 것도 알뜰하게 기록한다. 의료진과 간병인의 자세에 따라 어머니는 '천덕꾸러기'일 때도 있고 '스마일 할머니'일 때도 있었다. 병원에서는 환자에 대한 배려보다는 도식적인 처방전에 의해 더 센 약을 투여하거나 양을 늘리곤 했다. 저자는 의사에게 문제제기를 하며 적극적으로 투약 성분에까지 의견을 개진한다. 그러면서 어느 병원의 분위기와 시스템이 환자 중심인지 아닌지를 일일이 기록하고 있다. 이게 얼마나 어려운 일인지를 아는 나는 그저 감탄할밖에. 병원에만 가면 다 죄지은 사람처럼 되어버리는 의료권력 앞에서 이럴 수 있는 보호자가 몇 명이나 될까.

엄마! 다음 세상에서 또 만나요!
어어어

늘 어머니의 말씀이 실리던 자리에 돌연 아들의 말이 먼저 실린다. 어머니의 임종이 다가오는 것을 느낀 저자가 작별인사를 한 것이다.

엄마 덕분에 이 세상에 태어나 학자가 됐어요.
엄마, 감사해요. 다 엄마 덕분이에요.
엄마, 정말 감사해요.

사흘 후에 어머니는 돌연 숨을 길게 두 번 들이쉬더니 감았던 눈을 한 번 떠서 아들을 쳐다보고 숨을 거두셨다. 나는 이제껏 엄마의 임종을 하지 못한 것을 서러워한 적이 없는데 이 부분에서 마음이 달라졌다. 그토록 무서운 저승길을 가려는데 어디에서도 나를 지켜줄 것처럼 든든한 아들을 한 번 더 쳐다볼 수 있다면 얼마나 마음이 좋을까! 남겨진 아들은 또 마지막으로 자신을 바라봐 준 엄마가 얼마나 고마울까! 나의 절절한 작별인사가 오롯이 전달된 듯하고, 아쉬움 없이 인사를 나눌 수 있어 여한이 없는 마음. 옛 어머니들의 아들 사랑은 끔찍한 것으로 정평이 나 있지만 그 사랑을 오롯이 되돌려준 아들이 있어 내가 다 고맙다.

저자는 어린 시절 인제에서 살던 때의 기억을 《거기, 내 마음의 산골 마을》이라는 조그만 책으로 정리해 낸 적이 있었다고 한다. 그 책에서 어머니의 자취가 잘 드러난 페이지를 두 군데 접어, 어머니가 늘 보시던 불경과 함께 입관식 때 엄마의 가슴 위에 얹어 드린다.

똑같은 사람으로 태어나서, 똑같이 아들 낳고 엄마 있고 그런데 이 모자가 도달한 품격에 자괴감도 생기지만, 고마움과 위로가 더 크다. 우리는 이렇게 할 수 있는 인간인 것이다.

기자: '고통 없이 가시게 하지 뭐 하러 질질 끄나' 생각할 수도 있을 듯한데요.

박희병: 그게 다 의미 있는 생의 일부더라고요. 어머니의 마지막 석 달은 우리 가족에게 소중한 시간이었습니다. 의미 있는 말을 많이 주고받아 아버지에게도 형에게도 너무 좋은 기억이 많아요. 태양이 한낮에 쨍쨍함도 있지만 낙조(落照)가 들면서 질 때의 특별함도 있지 않습니까. 모두 생의 의미 있는 과정이지요. _위의 기사에서

🌢
아무렇지 않은 날,
문득 전화는 온다

25년 연초에 20일 동안 필리핀에 다녀왔다. '보홀'에서 배로 두 시간 가는 '시키호르'에서 딸과 스노클링을 했다. 보홀에서 돌아오는데 해프닝이 있었다. 여유롭게 제일 늦게 체크인 줄에 섰더니 우리 좌석이 없단다. 항공사에서 오버부킹을 한 것. 제법 여행을 다녔어도 이런 일은 처음이었다. 한 시간 늦은 다른 항공사 좌석을 구해주어서 타고 왔다. 막 제주항공 참사가 일어난 뒤라 극적인 생각이 스칠 수밖에 없었으니 만약 사고가 난다면 원래 비행기일까 나중 비행기일까. 이런 생각이 망상이 아님을 우리는 지켜보았다. 승객 여러분, 우리 비행기는 곧 무안공항에 착륙하겠습니다, 하는 방송이 나와야 할 여행의 끝에 무언가 이상기류가 포착되고, 공포에 빠질 시간도 없이 우르릉 꽝! 폭음과 화염 속에 산화한 영혼들.

그토록 안타까운 사고사가 아니라면 대부분의 사람들은 질병이나 노환으로 사망한다. 의사가 쓴 어느 책에선가 암 환자의 경우, 지난 시간을 돌아보고 가까운 이들과 작별인사를 나눌 시간이 충분해서 나은 편이라고 쓴 내용을 보았다. 책에서 접한 사례지만 수영을 하다가, 신발가게에서 나오다가, 거리를 걷다가, 심지어 코미디 프로그램 〈유머 1번지〉를 보며 껄껄 웃다가 뒷목을 잡으며 심장마비로 돌연사하는 경우를 보았으니, 왜 아니겠는가. 인지저하증인 경우에는 장기적으로 증세가 이어지며 가족에게 부담을 주기는 해도 이별할 시간은 있는 편이어서 '롱 굿바이'라는 용어까지 생겼다.

요양원에 계신 동안 엄마는 천천히 쇠퇴했다. 처음에는 보행기를 밀며 걸을 수 있었고, 면회를 온 증손녀가 구석에 쪼그려 앉아 똥 누는 것을 보고 큭큭 웃을 수 있었다. 점차 걸을 수 없게 되고, 일어나 앉을 수도 없게 되는 모습을 보며 세상에 당연한 것이라곤 하나도 없다는 것을 뼈저리게 느꼈다. 나는 인지저하증에 걸린 지 오래된 어르신들의 좀비 같은 표정이 제일 두려웠는데 다행히 엄마는 조금 무표정해지는 정도에 그쳤다. 돌아가시기 사흘 전까지도 "명석이 왔어요. 명석이 알아요?" 물으면 고개를 끄덕여주셨으니, 참으로 무리 없는 진행이었다.

상노인들은 급격하게 악화되는 수가 있으니 요양원 원장으로서도 판단이 어려울 것이다. 위중하다는 생각에 가족에게 연락을 한 후 고비를 넘기는 일이 잦다고 들었다. 우리는 위급하다는 연락을 총 세 번 받았다. 앞의 두 번은 정상 상태를 회복하셨고, 24년 11월 말에 동공이 풀리는 등 예사롭지 않다는 연락을 받은 후에는 5일 만에 돌아가셨다. 자손들이 모두 모여 인사를 드리고도 면회가 이어지니 원장이 면회를 잠시 쉬어보자고 말했다. 임종실이 따로 없는 작은 시설인 탓이다.

엄마는 소강상태였고 앞일은 아무도 모르는 거였다. 그리고 다음날 오후 5시 조용히 숨을 거두셨다. 근처의 모텔에서 대기하고 있던 중이라 달려가 엄마의 아직 따스한 이마를 짚고 손을 잡아드릴 수 있었다.

입원하셨을 때 아직 엄마에게 시간이 많을 줄 알고 느긋하게 군 것에 비하면 5박씩 머물며 면회를 했을 때는 다행히도 엄마가 기다려주지 않는다는 사실을 떠올렸던 것 같다. 그것마저 없었더라면 엄마 돌아가시고 엄청난 죄책감에 괴로웠을 것이다. 늙고 쇠약한 엄마가 언제고 떠날 수 있다는 사실을 자주 잊어버릴 정도로 죽음에 무지했던 나. 이제 엄마는 가시고 죽음의 순번을 물려받았으니 두 번 다시 실수하는 일이 없어야 할 것이다.

세계적인 베스트셀러 《모리와 함께한 화요일》에는 이런 대목이 나온다. 불교도들이 매일 어깨 위에 작은 새를 올려놓고, 오늘이 그날인가? 하고 묻는다는 것. "오늘이 그날인가? 나는 준비가 되었나? 나는 해야 할 일들을 다 제대로 하고 있나? 내가 원하는 그런 사람으로 살고 있나?"

저들처럼 생각보다 죽음이 가까이에 있다는 것을 명심해야겠다. 하려고 마음먹은 일은 즉각 시작해야 하고. 우선 엄마를 위한 책 쓰기를 완료하자. 엄마의 가슴팍을 쓸면 너무 말라서 뼈가 불거져 왕자갈밭처럼 불퉁거리던 촉감이 생생하게 남아 있을 때.

엄마의 꺼져가는 숨결에서
받은 선물

의아할 정도로 눈물이 나지 않았다. 요양원 원장의 전화를 받은 이후 장례식을 마치기까지 눈물을 흘린 것이 손에 꼽을 정도였다. "이순희 어르신이 임종하셨어요." "예?" 내가 못 알아듣고 되물으니 원장은 켕기는 목소리로 "돌아가신 것 같아요", 그렇게 말했다. 원장이 면회를 막지 않았더라면 내가 엄마 곁에 있었을 확률이 상당히 높았지만, 화는 나지 않았다.

 마지막 숨결이 끊어지는 순간을 알아차리기 쉽지 않다고

알고 있다. 애들 할머니의 경우 작은 방에 여럿이 모여 있었는데 동네에서 염을 맡아 하는 분이 사망을 선언하기까지 아무도 몰랐다. 한 공간에서 침상 옆을 지키다가 잠깐 다른 일을 하는 사이에 노인이 영면에 들었다는 얘기도 종종 들었다. 그런 일이 잦은 모양으로 인상 깊게 언급한 책도 본 적이 있다. 《어머니를 돌보다》를 쓴 린 틸먼이 어느 돌봄노동자에게 들은 이야기이다.

그녀는 내게, 죽어가는 사람은 종종 사람들이 방을 비웠을 때 죽는다고 말했다. 설득력 있는 이야기였다. 죽는다는 것은 사람들을 떠난다는 것, 사람들을 버린다는 것을 의미한다. 그런데 그들이 당신을 떠나지 않으면 어떻게 당신이 떠날 수 있겠는가.

그러니 돌아가셨다는 사실이 중요하지 임종을 못한 것은 서운하지 않았다. 원장은 조금 미안해했지만 나는 평온했다. 그 와중에 빵집에 들러 직원들에게 줄 마지막 간식까지 챙겼다. 파운드케이크 네 상자를 건네며, "엄마가 늘 나누는 걸 좋아하셔서요" 하는데 처음으로 눈물이 솟구친다. 둥근

몸집의 직원도 눈가를 훔친다.

익숙한 병실, 눈에 익은 침대인데 흰 천을 씌워 놓아서 가슴이 철렁한다. 천을 벗기니 약간 노란 빛을 띠긴 했지만 늘 보던 모습 그대로의 엄마가 진달래빛 스웨터에 꽃무늬 몸뻬를 입고 누워 계신다. 이마와 손이 아직 따뜻하다. 입을 크게 벌리고 계신 것만 낯설다. 입을 다물게 해드리려고 했으나 턱이 움직이지 않는다. 엄마, 기어이 가셨군요. 수없이 인사를 건네며 기도하며 그야말로 '롱 굿바이'를 한 모양이다. 평소와 같은 면회처럼 심상할 뿐 도저히 마지막 같지가 않다. 손을 잡고 평소 하던 대로, '엄마, 더 잘 해드리지 못해서 죄송해요. 이제 부디 편히 쉬세요' 하고 기도하다가 사람이 죽는다는 게 무얼까 싶어 얼굴을 초밀착시켜 봐도 아무런 기척이 없다.

뒤쪽에서 주춤거리는 인기척이 있다 싶더니 원장이 몇 번 왔었나 보다. 좀 아까 미안해하던 모습은 어디로 가고 화난 듯한 동작으로 흰 천을 서둘러 씌우며 거의 쫓아내다시피 한다.

장례식장 차가 오는 30분 동안 단둘이 앉아 손잡고 하직 인사를 한 것이 큰 위안이 되었던 듯하다. 입관식에서도 눈물은 줄줄 흐르는데 당최 소리가 되어 나오지 않았다. 수의를 입은 엄마는 작은 몸피가 단정하고, 약간 누렇긴 해도 콧날이 오뚝해서 조붓한 얼굴이 예쁘고, 버선발을 모아 꽃 모양으로 묶은 매듭도 단아했다. 염하는 분이 신체를 마디마디 묶는 게 원칙인데 상주와 상의하여 세 번만 묶는다며 몸통을 세 번 묶을 때 가슴이 철렁했을 뿐 이상하리만치 통곡이 되지는 않았다.

어느 책에선가 '모두가 엄마가 죽기만을 기다렸던 것처럼 척척 장례 절차가 진행되었다'더니 딱 그 식이었다. 모든 것이 엄마답게 순하고 무리가 없어서 새로운 눈물이 솟구쳤다. 오후 5시경에 돌아가셔서 자손들이 다 모이니 저녁 10시가 되었다. 하루가 다 간 것이다. 온전히 3일이면 힘들 수도 있는데….

날씨도 푸근했고 상조회사도 잘 만났다. 음식이 '그지' 같았으면 자주 먹어야 하는 상주들이 우선 죽을 맛이었을 텐데 육개장이며 김치, 코다리강정, 회무침이 한정식집 음식같이 맛있었다. 장례지도사로 나온 분도 이 일이 기질에 맞는지 침착하고 음전한 진행으로 분위기를 잡아주었고, 서빙하는 분들까지 바지런하고 싹싹했다. 뭐 하나 달라고 서 있으면 "갖다 드릴게요!" 대답이 낭랑했고, 알뜰하게 음식 관리를 하는 폼이 역력했다.

엄마의 사촌동생들과 친정, 시가 양쪽의 조카들이 모여들어 시끌벅적 잔칫집이나 다를 바 없었다. 바빠서 통 경조사에 얼굴을 내밀지 못하던 조카가 둘이나 와서 엄마의 인덕을 증명해주었다.

실로 엄마다웠다. 順姬, 이름처럼 순하디순한 계집아이로 자라나 그토록 가기 싫다던 요양원에 가실 때조차 고집 한 번 피우지 못한 내 엄마의 생애가 그렇게 끝이 났다.

관이 소각로로 들어갈 때 처음으로 통곡이 터졌다. 아니 터지려다 말았다. 울음이 내 안에 가득 차 있어서 조금만 심호흡을 하면 통곡이 된다는 걸 그때 알았다. 내 귀에 들리는 내 소리가 괴기해서 놀라 멈추었을 때 이미 엄마의 관은 떠밀려 들어가고 있었다. 화장장이 얼마나 바쁜지 컨베이어벨트처럼 빠른 진행이었다. 옆의 소각로에 줄 서 있는 일행이 들고 있는 영정은 앳된 젊은 친구이다. 1시간 20분 만에 엄마는 한 줌의 재가 되어 나왔다. 직원이 흰 종이에 꼭꼭 담아 싸는데 딱 한약 한 봉의 부피였다.

최현숙은 저서 《두려움은 소문일 뿐이다》에서 죽음에 대해 사회 전반에 유난히 감정이 과잉되어 있다고 말한다. 그래서 죽음에 대해 유독 건조하게 쓰게 된다고. 자신은 '적당할 때 알아서 죽기로' 했다고도 한다. 엄마가 서서히 쇠약해지고, 마침내 소멸하는 과정을 낱낱이 지켜보고 나니 나도 죽음이 한결 자연스럽게 느껴진다.

전통사회에서는 나이 들어 병들고 늙어 죽는 과정이 모두 가정 안에서 이루어졌다. 초상을 치르는 과정도 일상 속에 포함되어 있었기에 지극히 자연스러운 순리였지 죽음에 대해 과도한 두려움이 없었다고 한다. 현대사회에서 노인 돌봄이 사회화되면서부터 죽음이 낯설어지기 시작했고, 공포도 증폭되었단다. 나는 엄마의 죽음에 깊이 감정이입하면서 죽음을 받아들일 수 있었다. 엄마의 꺼져가는 숨결에서 받은 선물이었다.

화장터로 들어갈 때 버스끼리 엇갈리며 우리 기사가 상대방 기사에게 "네 시 반짜리야?" 하는 인사를 건넨다. 거기는 소각하는 곳이니 그것밖에 뭐가 더 있으랴. "그냥 배달기사지." 옆에서 딸이 냉정하게 정리한다.

🌢

죽음으로 생애가 끝나는 것이지
관계가 끝나는 것은 아니다

여행지에서 유명 사찰을 돌아보기만 했지 법당 안에 앉는 건 생애 처음이다. 아니 삼우제에 이어 두 번째구나. 엄마를 모신 곳은 과천에 있는 절인데 지은 지 오래되었는지 절집의 골격이 탄탄하고 내부의 부처님상이며 벽화에 기품이 있다. 나는 특히 천장의 굵은 나무장식이 마음에 들었다. 바닷가에 방파제를 만들어놓은 테트라포드 같은 형상으로 얽힌 모양이 세련되었다.

25년 1월 21일, 49재에 가는 날에는 안개가 잔뜩 끼었다.

오전 10시 의식이라 대중교통으로 가자면 일이 큰데 고맙게도 딸이 동행한다. 미세먼지 경고문자가 울리는 걸 보니 유해 성분이 가득할 테지만 눈으로 보기에는 희뿌연 안개가 환상적이었다. 희끄무레 눈앞의 풍경만 식별이 되는 안개 장막을 뚫고 가는 길이 꼭 우리네 사는 일 같았다. 부지런히 눈앞의 과제를 해결하며 나아가지만 종착점이 어디인지는 아무도 모르는. 그리고 오늘은 한발 앞서 그 길을 간 엄마에게 가는 길이기도 했다.

   엄마를 보러 가는 길은 늘 마음이 설렜다. 모란과 장미, 글라디올러스와 국화… 뜰에 핀 꽃으로 꽃다발부터 만들었다. 엄마는 꽃을 좋아했다. 정신이 없어질 무렵에도 어린 시절에 비가 오면 꽃모종을 하러 다녔다며 추억에 잠기는 모습을 보여주었다. 분꽃, 백합, 한련화처럼 발음하기 어려운 꽃 이름을 말해서 나를 감격하게 했다. 나는 꽃을 보며 엄마가 예쁘다는 감흥을 불러왔으면 했다. 엄마에게도 꽃처럼 고운 시절이 있었다고, 내가 다 기억한다고 말해주고 싶었다. 내가 가져간 장미를 가리키며 무슨 꽃이냐고 물어보면 '함박꽃'이라는 답이 돌아오곤 했다. 아마 시골에 흔한 꽃이었으리라.

몇 번을 제외하고는 주로 나를 알아보셨고, 속절없이 저물어가는 한 생애가 보여주는 속내에 내 가슴은 쿵쾅거렸다. 초반에는 "자고 가"라는 말씀을 잘 하셨다. 면회시간 내내 별 반응이 없다가 내가 일어서자 "더 있다 가" 하실 때면 가슴이 철렁 내려앉았고, 기억을 못 하는 날에조차 "누군지 모르지만 나 좀 데려가" 하실 때면 억장이 무너졌다. 한정된 공간에서 정기적인 그룹 활동을 빼고는 정지 화면처럼 고여 있을 엄마의 일상에 잠시라도 틈을 만들어드리고 싶어 달려갔다. 날긋날긋 언제 끊어질지 모르는 기억과 감정의 세포를 가지고 언뜻언뜻 보여주는 표현이 감사해서, 나는 남들이 치매 걸렸다고 말하는 엄마가 진심으로 보고 싶었다.

 '죽음으로 생애가 끝나는 것이지 관계가 끝나는 것은 아니'라더니 49재를 지내면서도 실감이 나질 않는다. 그런데도 자꾸 잡념이 끼어들어, 지금 이 순간만이라도 온전히 엄마 생각만 하자는 다짐을 하며 불경에 집중한다. 가족에게도 불경을 나누어주어 스님과 같이 읽게 하는데 스님의 속도가 빨라서 더러 놓치며 열심히 따라가니 스님이 한 번 돌아보신다. 중앙의 부처님께 먼저 제사를 올리고, 상차림을 엄마의 위패가 있는 곳으로 내려 다시 제사를 지내느라 두 시간 가까이 걸렸다. 그동안 도와주는 분의 인도에 따라 수없이 절을 하고 불경을 읽었다. 모르는 말이 태반인데도 불경(천수경)을 읽는 사이에 마음이 편안해지고 엄마를 위해 뭔가 해드린 것 같은 안도감이 들었다. 윤회, 무상 같은 몇몇 단어만 익숙했는데, 그런데도, 아주 커다란 생각에 가닿기도 했다.

90년 가까이 살아온 한 인간이 소멸했다. 그분은 내 엄마라서 나는 그 생애를 소상하게 알고 있다. 평범하지만 성실했던 생애에 걸맞게 평범하지만 격식을 갖춘 49재까지 치르고 있고, 이제 그분은 없다. 이 자리에 모인 자손들에게 피와 살을 나눠주었으니 그분의 존재가 생생하고 엄연하지만 그분은 없다. 나도 그 길을 따라갈 것이다. 그건 기정사실이다.

바로 여기, 무수히 돌아가는 시간의 수레바퀴 속에서 우연히 '나'로 태어났고 '나'라는 배역을 맡아 살다 죽을 뿐, 도무지 '나'라고 고집할 것이 없지 않은가. 나로 살아오며 겪은 과정과 분투가 저마다 다르지만, 그 모든 것조차 '나'라고 하는 프로그래밍 속에 입력된 사항이었다고 친다면 너와 내가 다를 것도 없다. 모든 인간은 죽는다는 사실을 뜨겁게 껴안고 나니 소소한 차이가 무의미해진다. 이런 것이 '분별지'를 뛰어넘는다는 것일까?

맥락은 몰라도 불경에서 '분별지'라는 단어를 분명히 보았다. 그렇다면 구체적인 내용을 몰라도 입으로 따라 읽는 사이에 불경의 핵심 하나가 나를 관통한 셈이다.

스님을 따라 바깥마당으로 나가 엄마가 마지막으로 입었던 옷을 태우는 것으로 49재는 끝났다. 그것으로 속세와의 모든 인연이 끊어진 모양이다. 집행하는 분이 영정사진을 슬쩍 불길에 갖다 대는 동작에 소스라치게 놀란다. 진짜 엄마도 태운 마당에.

이제 엄마는 없다. 나는 아직도 믿기지가 않는다. 내 생애 전부에 걸쳐 공기처럼 당연히 존재하던 분, 내가 나이 들며 마치 나의 말년을 보듯 감정이입이 되었었지. 아직도 죄송한 마음이 넘쳐흐른다면 이제 할 일은 엄마를 이야기 속에 살게 해드리는 것밖에 없으리라. 1주기가 되기 전 엄마에 대해 쓴 책을 안치함 속에 넣어드리고 싶다. 꽃다발을 만들어 들고 가 한없이 병약한 엄마라도 만나고 싶구나.

> 함께 읽고 싶은 책

책으로 쓰면 우리가 이 세상을 완성하는 퍼즐 조각이 된다

로버트 판타노, 《다만 죽음을 곁에 두고 씁니다》 |
윌 슈발브, 《엄마와 함께한 마지막 북클럽》 | 최현숙, 《작별 일기》

나는 다독가는 아니지만 몰입 독서는 꽤 하는 것 같다. 책을 읽다가 저자가 어떤 마음으로 이런 말을 하는지 깊이 공감할 때면 확 집중하게 된다. 내가 품고 있던 질문에 대답을 얻으면 마음이 홀가분해지고, 진심으로 존중할 수 있는 인물에 접하면 찬탄하는 사이에 감성 창고가 가득 채워진다. 시대와 지역과 세대를 넘어 내가 매혹되고 인정할 수 있는 책에 접하면 직접 아는 사람을 만난 것처럼 그렇게 좋다.

나는 우정을 절대 하찮게 여기진 않지만 조금은 과대평가되었다고 생각하기도 한다. … 나는 타인과의 친교를 갈망하지만 나와의 친교를 갈망하는 만큼은 아니다. 내가 나 자신에게 좋은 친구가 되기 위해서는 일정량의 깊은 고독이 반드시 필요하다. …

살면서 내가 읽은 모든 감명 깊은 책, 내가 보았던 모든 감동적인 영화, 내가 웃었던 코미디, 모든 경이로운 미술 작품은 내가 누군가와 해야 하지만 직접적으로는 할 수 없었던 대화로 날 이끌어주곤 했다.

_로버트 판타노, 《다만 죽음을 곁에 두고 씁니다》

30대 중반의 소설가가 뇌종양으로 죽어가며 쓴 기록을 읽으며 나는 첫 페이지부터 강한 동질감을 느꼈다. 철학적으로 치열하고 박식한 것을 제외하면 꼭 내가 쓴 것 같은 구절이 수없이 많았다. 내가 사람들과의 어울림을 즐기지 않는 이유는 깊이 있는 공감보다는 서로가 얼마나 다른지를 확인할 때가 더 많아서이다. 책에서 훨씬 깊은 공감의 희열을 느끼는지라 대면 모임은 자꾸 밀려났다. 이런 내 태도를 저자가 정확하게 대변해주고 있었다. 그는 마치 다른 나라에서 태어나 공부를 좀 더 많이 한 '또 다른 나' 같았다.

나는 앞으로도 당신을 알 수는 없을 것이다. 그러나 당신이 내가 쓴 글에서, 과거나 현재든, 아주 작더라도 당신 자신의 조각이라도 발견할 수 있었다면, 나는 당신을 매우 잘 안다고 할 수도 있다.

이 대목에 깊이 고개를 주억거리며 이미 고인이 된 저자의 유리병 편지가 나에게 도달한 것 같은 감격을 느꼈다. 저자는 수술을 거듭하며 두통은 물론 정신착란에 이르렀다고 하는데 그런 단계에서조차 자기연민에 빠져 허우적대지 않고 냉철하게 삶의 마지막을 기록한 의미가 나에게로 와서 완성된 것이다.

이 책을 읽은 후 나의 고립적인 성향에 대해 변명하지 않게 되었다. 언제 어디에서 살다 간 사람인지도 모르는 저자의 언술이 내가 그다지 잘못되지 않았음을 증명해주었기 때문이다. 이런 경험이 쌓일수록 책이라는 것의 역할과 매력에 빠져 들어간다.

어디선가 읽은 문장에 의하면 '천지창조는 7일 안에 끝난 것이 아니다.' 오늘날에도 계속해서 세상은 만들어진다. 우주를 개발하고 AI가 출현하는 기술이 세상의 뼈대라면 마치 혈관처럼 몸체를 살아 있게 만드는 것은 단연코 책이다.

책을 통해 인류는 의미 있는 경험을 축적하고 교류한다. 로버트 판타노의 책이 나에게로 와서 꽃이 되었을 때, 우리는 세계라고 하는 거대한 기관의 한 점과 점을 연결하는 시냅스 회로를 하나 생성한 것이다. 이렇게 귀한 책을 만나면 내 삶도 고귀해진다. 어딘가에 이런 사람과 이런 생애가 존재했다는 것을 알고 나면 그야말로 나의 지성과 감정과 의지가 모두 확장되기 때문이다.

그렇게 소중한 책 중에 윌 슈발브의 《엄마와 함께한 마지막 북클럽》과 최현숙의 《작별 일기》가 있다. 《엄마와 함께한 마지막 북클럽》에는 실로 대단한 엄마가 나온다. 거의 위인전에 나올 만한 분이다. 엄마는 래드클리프와 하버드에서 입학처장을 하다 난민운동에 헌신한 분으로, 조신한 현모양처와 치열한 사회운동을 통합시킨 불가사의한 인물이었다. 인간적으로 다정하고 열려 있으며, 직업적으로 완벽하고 대의를 위해 투신할 줄도 아는, 영화에서나 볼 수 있는 캐릭터. 그 중심에는 책이 있었고, 아들 또한 당시 21년 차 출판인이었다. 암 진단 후 2년 동안 두 사람은 같은 책을 동시에 읽어가기로 한다.

저자의 어린 시절 부모님은 주중에도 몇 시간씩 책을 읽었고, 주말에는 아예 내내 책만 읽었다. 어머니는 손자의 아홉 번째 생일 선물로 《호빗》 초창기 판본을 어렵게 수소문해 구하기도 했다.

"플라스틱 장난감은 이제 그만, 이젠 책으로 해야지."

모자의 독서 수준은 엄청 높아 보였다. 74세의 어머니가 46세 아들을 지적으로 견인하며 독서 포인트를 짚어주는 장면은 뭉클했다. 자신의 장례식에서 부를 노래며 부고까지 자녀와 의논할 정도로, 죽음 앞에서 믿을 수 없을 정도로 초연한 모습을 보여줄 때는 경외심이 들었다.

"나는 죽는 거 무섭지 않다. 그렇지만 다가오는 여름은 한 번 더 지내고 가고 싶구나."

모든 면에서 탁월한 상류층이었지만, 어떤 권위의식이나 명예욕에서도 자유로운 모습을 보여줄 때는 성스럽기까지 했다.

"사람들이 암과 싸우는 어머니의 모습을 용감하다고 칭찬할 때 기분이 어떠세요?"

"나는 세계 최고이자 가장 비싼 치료를 받고 있는데, 어떻게 그걸 용감하다고 하겠니. 내가 정말 용감하다면 그런 치료 없이 병을 이겨내면서 그 돈은 암 예방 연구기관 같은 데 갈 수 있도록 애써야 마땅하겠지."

거의 인생 천재라고 불러야 할 이 어머니를 좀처럼 잊지 못할 것 같다. 어머니의 도저한 인간 이해와 실천력이 독서에서 비롯되었음이 감격스럽다.

어머니는 인간의 보급품 창고 속에서 책이 가장 강력한 도구라는 신념을 절대 버리지 않았고, 책이 인간을 서로 가까이 다가가서 친밀하게 만들 수 있다는 사실을 보여주었다. 심지어는 이미 충분히 가깝게 지내던 어머니와 아들이라도, 그리고 둘 중 한 사람이 세상을 뜬 이후에도 그럴 수 있다는 사실을 가르쳐 주었다.

최현숙의 《작별 일기》는 내용뿐만 아니라 형식 면에서도 눈여겨볼 만한 책이다. 가부장제에 일찌감치 저항을 시작한 저자는 가족을 떠났다가 관찰하고 기록하기 위해서 돌아왔다고 한다. 자신은 관찰하고 기록함으로써 어머니를 애도한다고 말한다. 그러면서 어머니의 마지막 3년을 일기 형식으로 기록하는데 감성적인 슬픔은 거의 나오지 않는다. 일지에 가까운 객관적인 사실만 나온다. '복숭아 15개를 사 갔다'는 식의 소소한 기록은 물론 어머니의 증상과 변화를 거쳐 부모의 성애에 대한 단서와 추측까지 나와 있어 전방위적인 기록이다. 이다음 자신의 장례식이 궁금할 정도로 관찰과 기록이 최우선인 저자(죽으면 구경도 끝이란다)의 치밀한 시선을 통해 서서히 죽음에 다가가는 사람이 어떻게 점점 쇠약해지는지, 주변 사람들은 어떤 심리적 고충을 겪는지가 촘촘하게 드러나 있다.

저자 최현숙의 어머니가(아버지가 아니라) 이재에 밝아 미제 물건 장사에서 집 장사를 거쳐 78세까지 주식 투자를 했단다. 하여 두 분은 실버타운에서 각자 지낸다(어머니가 남편 시중을 거부함). 저자는 요양보호사로 밥벌이를 하며 지내다가 이즈음 전업작가로서의 새로운 정체성을 발견한 듯하다. 출간을 염두에 둔 기록이었다고 해도 이만큼 촘촘한 시선을 받고 간 어머니가 부러울 지경이다. 주류에 속하는 다른 형제들과 비주류로 살아온 저자의 간극을 보여주는 깨알 같은 재미도 이 책의 미덕이다.

어머니의 마지막이 다가오자 가족 전원이 시시각각 추이를 주시하고 공유하며 어머니 위주로 생활한 덕분에 가족 모두가 임종할 수 있었다. 어머니 별세 후 처음 맞는 추석에는 4대가 모두 추모공원 근처에서 1박을 한다. 성공한 자식들과 엄마의 경제력, 형제들의 무난한 우애가 더해져 지극히 바람직한 말년에 대한 미시사가 탄생했다.

이 역사 기록의 주역은 형제들 중 유일하게 경계인적 요소를 가진 저자가 담당했다. '젠더와 계급과 성질머리'를 통으로 보는 저자의 시야 덕분에 지극히 담담한 일기임에도 맛깔나게 읽힌다.

나는 《엄마와 함께한 마지막 북클럽》을 읽으며 책이 이토록 삶의 중심에 놓일 수 있음에 감동받았다. 거의 숭고할 지경이다. 이제 나도 점차 나이 들어갈 텐데 책만 제대로 읽어도 두려울 것이 없음을 배운다. 삶을 기록하는 데 관심은 있는데 긴 글을 쓸 자신이 없거나 재미가 없는 분은 《작별일기》처럼 일기 형태로 써봐도 좋겠다. 큰일을 하거나 성공한 사람은 그이에 대해 글로 써 주는 사람이 많지만 우리같이 평범한 사람들은 스스로 나와 내 소중한 사람들에 대해 써야 한다. 그래야 우리의 역사가 생긴다.

"인생이 연기처럼 사라지네."
 엄마는 작은 목소리로 말한다. …
"정말 그렇네." 나는 높낮이 없는 목소리로 대답한다.

"제대로 살지도 않았는데, 세월만 가버려."…
"그러니까 네가 다 써봐라. 처음부터 끝까지. 잃어버린 걸 다 써야 해."_비비언 고닉,《사나운 애착》

7

엄마의 죽음이 슬프지 않다

인생의 바닥을 보고 나니

"우린 어떻게 형제가 되었수?"

초저녁 잠에서 깬 엄마가 물으신다. 우린 형제가 아니고 엄마 딸 사이라고 하니, 여기가 어딘데 와서 누워 있나 하는 생각이 자꾸 든다고 하신다. 내가 어릴 때 두부 공장으로 비지 사러 심부름 다닌 이야기를 하며 딸이라는 증거를 대니, 그래도 자꾸 낯설다고 하는 걸로 보아 이 말의 뜻은 "우리가 어떻게 아는 사이요?" 하고 묻는 것 같다.

관련 책을 몇 권 읽어서 이 상황이 낯설지는 않다. 알츠하이머에 걸린 중년 여자의 시점으로 쓴 소설에서 "내 딸이라고 주장하는 여자와 내 남편으로 보이는 남자가 마치 내가 그 자리에 없는 것처럼 내 이야기를 하고 있다"와 같은 문장을 접했을 때, 진짜 환자처럼 느끼는 작가에게 감탄했었지. 그 문장을 통해 낯선 사람들에게 둘러싸인 채로 투명인간이 되어가는 사람의 심경을 조금이라도 이해할 수 있었다.

"내가 망령이 들었어."

이런 말씀도 하시니 엄마는 자기객관화가 되는 편이다. 인지적 훈련이 잘 되어 있다면 알츠하이머에 걸린다 해도 기억을 잃어가고 있는 나를 자각하고, 거기에 맞춰서 새롭게 적응할 수도 있지 않을까? 내 딸인 것은 기억이 안 나지만 지가 딸이라고 하니 내 딸인가 보다 하는 식으로 말이다. 하지만 상태가 좀 더 진전되면 그런 희망조차 안일한 것이리라. 앞서 말한 책 《내 기억의 피아니시모》(리사 제노바 지음)에서도 대학교수인 주인공이 속옷을 입는 방법을 잊어버려 팬티를 머리에 뒤집어쓰는 장면이 나오듯이 말이다.

영화에서 페이스오프 하듯 딸의 얼굴이 낯설게 변한 상황을 상상해 본다. 어딘지 모르는 곳에서 낯선 사람들이 오가는데, 내가 이제껏 무엇을 하고 살았는지 기억이 깡그리 지워지는 것은 얼마나 지독한 공포일까. 무슨 말이라도 하고 싶어 입을 열어도 혀가 오그라들어 분명한 말이 되어 나오지 않는다. 겨우 말을 내뱉어도 귀 기울여 주는 사람도 없다. 어떤 새로운 일도 일어나지 않으니 느낌이 없고, 느낌이 없으니 표정도 없어진다. 엄마 입에서 "꼭 꿈을 꾼 것 같아"라는 말이 나오는 순간, 인생이라고 하는 것이 줌아웃 되듯 쫙 밀려나는 기분이었다.

**내 앞에 있는 사람들
저마다 저만 안 죽는다는
얼굴들일세** _바쇼

바쇼의 유명한 하이쿠처럼 딱 그런 마음으로 살다가 너무 해상도가 좋은 노화와 죽음이라는 실사를 체험하게 된 것이다. 어쩌면 기억과 인지기능이 쇠퇴한 엄마 본인보다도 내가 더 진저리치도록 느꼈는지도 모르겠다.

엄마와 지낼 때 소변이 제일 큰 사달이었다. 노년 초기 시작된 빈뇨가 정신이 없어지면서 강박이 더해진 듯 막판에는 거의 왕복달리기 수준으로 오가시는데… 볼일을 보시고는 손아귀 힘이 없어서 채 바지춤을 올리지 못한 채로 기어다녔다. 직립보행이 불가능해진 인간의 모습이 얼마나 처절한지,

그 모습을 어찌 잊을까! 그때 나는 인간의 민낯, 인생의 바닥을 봐 버렸다. 앞으로 어떤 일을 접한다 해도 놀라지 않을 것 같다. 일어나지 못할 일이란 없는 것, 그게 인생이었다. 이런 느낌은 엄마를 요양원으로 보내면서 극심해졌다. 엄마를 버리기도 했는데 앞으로 못할 일이 무엇이며 놀랄 일이 뭐가 있겠느냐는 식의 좌절과 무력감이 기저에 깔렸다.

엄마는 나날이 느려졌다. 천천히, 더 천천히, 엄마가 화장실로 기어간다. 인생 하나가 꼬리를 길게 늘어뜨리고 사라지는 것 같다. 구십 년 가까운 생애가 꿈이 되어버리는 것을 목격하다 보니, 우연인지 해프닝인지 축복인지 알 수 없어도 인생이라는 것을 너무 무겁게 살 일은 아니라는 생각이 들었다. (21년 3월)

이 시대의 '피에타', 급기야 엄마를 '울애기'라고 부르다

돌아가시기 이틀 전, 엄마를 쓰다듬는데 나도 모르게 "울애기"라는 말이 나왔다. 얼마 전부터 빼득빼득 여위어가는 모습이 안쓰럽더니 그런 말로 표출이 되었나 보다. 엄마는 아담한 키에 통통한 몸매라 한복이 잘 어울렸다. 특히 얼굴이 복스러워 평생 후덕한 이미지를 가지고 있었는데, 살이라곤 거의 남지 않은 막바지 모습을 차마 볼 수가 없었다. 보름달같이 둥글던 얼굴이 길고 뾰족해졌다. 가슴은 판자처럼 납작하고 막대기같이 뼈가 불거진 팔다리는 병원에 있는 모형 같았다.

 엄마를 아기 돌보듯 딱 백 일만 더 보살펴드리자고 다짐한 적이 있었다. 파킨슨병이 진행되어 경직이 심해지며 일어나지 못하게 되었을 때였다. 당신 혼자 일어나지도 못하면서 기저귀를 한사코 거부해서 일일이 일으켜드려야 하니 금방 내 손목에 무리가 왔다. 깔끔한 엄마에게 "오줌똥 싸는 늙은이"에 대한 두려움이 강박이 된 것일까. 용을 써 가며 변기에 앉혀 드렸는데 오줌 한 방울 나오지 않을 때는 화가 뻗쳐서 머리가 어지러웠다. 병이니까 엄마도 어찌지 못하는 것을 알면서도 내 인내심이 한계에 도달한 상태라 쉽게 분노에 휩싸인다.

낮에는 그런대로 해내는데 밤이 문제였다. 한번은 엄마의 호출을 한 번만 건너뛰어야겠다는 결심을 했다. 한 시간에 한 번꼴로 깨우는 간격을 한 번만 건너뛰는 것이 목표였다. 자정께 가늘고 긴 호소가 시작되었다. 여보세요 … 여보세요 … 여보세요 … 여보세요… 라고 하는 것은 지금 이 공간이 낯설고 당신이 누구를 부르는지 모른다는 얘기다. 문을 닫았는데도 어찌나 잘 들리는지 휴지 귀마개는 거북하기만 하지 빼버려야 할까 보다. 5분, 10분 … 그러다 잠드시겠지 했는데 어림도 없다. 여보세요 … 여보세요… 여보세요 … 여보세요 … 이불을 뒤집어쓴 채 흐느낌 섞인 목소리를 듣고 있자니 처절하다. 참담한 기분으로 20분을 버티고 나니 이제는 그동안 애쓴 시간이 아까워서 못 나가겠다. 그러다 30분이 후딱 넘어간다. 하이고, 노인네 기운도 좋네. 혼절하시기 전에 일어나고야 말았다.

그렇게 반복된 화장실과의 싸움은 아침까지 이어졌다. 아침에도 조금 늦춰보려고 해도 정신이 좀 돌아왔는지 명석아 … 명석아 … 하고 불러대는 데는 버틸 재간이 없다. 아침부터 징징대며 애원도 하고, 어르기도 하다 잠시 밖으로 피해 나간다. 뜰에 나가 바람을 쐬며 마음을 가라앉히고 들어오니 엄마가 눈물이 그렁그렁한 눈으로 쳐다본다. 혼자 화장실에도 못 가는 당신의 처지가 미안하고 서러운가 보았다.

"화장실 가고 싶어서 울어요?" 물으니 고개를 끄덕끄덕.

"화장실 데려다 드리면 행복할 것 같아요? 울지 마요."

화장실에 가고 싶어서 우는 사람이 거기 있었다. 그럴 때 그이는 내 엄마이기 이전에 필멸이라는 인간의 운명을 앞서 보여주는 천사였다.

딱 한 번 똥을 파드린 적이 있다. 화장실에 그렇게 자주 가시는 데는 변비 탓도 있어서 하염없이 변기에 앉아 계시곤 했는데, 그날도 변기에 40분 이상 앉아 계신 엄마를 도와드리기로 했다. 따스한 물로 마사지하고 파 드리겠다고 하니 살짝 놀라신다. 당신이 한 번만 더 애써 보겠다고 하는 걸 오른쪽에 라텍스 장갑을 겹쳐 끼고 가까이 들여다보니 얇은 피부막 안쪽으로 덩어리가 만져져서 어렵지 않게 미션을 완수할 수 있었다. 몇 번의 손놀림에 딱 호두과자같이 생긴 것이 하나 둘 셋, 흐물거리는 맛조개 같은 것이 두 개 해서 제법 쌓인 무더기가 어찌나 반가운지 물 내리기가 아깝다.

거사를 끝낸 엄마는 여느 때보다 푹 주무시고 화장실행도 뜸해졌다. 이십 분도 좋고 삼십 분도 좋고 잦은 화장실행 때문에 '환장하겠더니' 완연하게 뜸해진 게 아닌가. 몸이 통나무처럼 뻣뻣해져서 일으켜 세워 부축해서 한 번 다녀오는 것이 '대장정'급인데 불안에서 오는 강박이었던 거다. 심리적 요인이 중요하다고 알고는 있었지만 내가 한 걸음 다가간 것에 이렇듯 민감하게 반응하시니 착잡하다.

내가 라텍스 장갑을 낄 수 있었던 것은 엄마의 간병이 한계에 도달했음을 알았기 때문이다. 해 드린 것도 없이 지쳐가며 짜증이 늘고 내 속의 '화'를 키우는 것이 두려워 손을 놓고 싶을 때, 아기 키우듯 백 일만 더 돌봐드리자고 마음을 다잡았다. 속절없이 무력해진 엄마를 아기 돌보듯 하면 되겠네, 아기는 그렇게 있는 대로 신경을 곤두세우고 시간을 다

바쳐서 키우잖아 … 누워서 울기만 해도 이쁨을 받는 아기를 키우듯 그렇게 백 일만 보살펴 드리자 …. 엄마의 평생에 걸친 헌신에는 어림도 없지만 '백 일'이라는 날짜의 상징성도 있어서 그렇게 하루하루를 힘겹게 넘기던 무렵, 문득 성모 마리아가 죽은 예수를 안고 있는 〈피에타〉가 떠올랐다.

성모, 예수같이 거대한 이름은 말고, 종교적 의미도 말고, 죽은 자에 대한 지극한 슬픔, 연민, 자비, 비탄… 만 빌려 오자. 그러면 너나없이 집집마다 최고령자가 온전한 정신을 잃고 삶의 마지막을 힘겹게 감내하고 있는 이 시대에는 그들을 보듬는 것이 〈피에타〉겠구나, 하는 생각에 비로소 마음이 홀가분해졌다.

나는 2013년 로마 바티칸공화국에 갔을 때 사 온 《피에타》 사진집을 펼쳐 들었다. 예수의 얼굴이 어찌나 평온한지 신자가 아닌데도 은혜를 받는 기분이었다. 미켈란젤로라는 천재가 형상화해 놓은, 역사상 가장 성스러운 슬픔인 〈피에타〉는 인간이 인간에게 품을 수 있는 연민의 상징인 거고 나는 〈피에타〉를 떠올리는 것만으로 마음이 가라앉았다. 내 힘으로 어쩔 수 없는 상황에 갑갑하다가 나를 뛰어넘는 어떤 거대한 개념에 연결되었다고 느끼면서 숨통이 트인 것 같다.

7. 엄마의 죽음이 슬프지 않다

세상에서 가장
잔인한 수업

엄마를 보러 갈 때면 밝은 색깔로 골라 입곤 했다. 옷장에 검은 옷이 잔뜩 걸린 것도 보기 싫었다. 태국 여행에서 사 온 품바 바지를 입기도 했다. 가파른 카운트다운이 시작된 노모를 보러 가는 길, 슬픔에 잠기기보다 즐겁고 흥겨운 분위기를 만들리라 결심한다. 엄마에게 노래를 불러드리려고 케이크도 샀다. 생신은 아니지만 손녀의 노래를 유도하기에 케이크가 즉효일 것 같아서.

24년 4월 20일, 손녀의 컨디션이 최고다. 활기차고 명랑한 아이지만 아이 특유의 변덕도 있고 해서 그날처럼 타이밍이 맞기란 쉬운 일이 아니다. 그날 손녀는 왕활머니를 위한 공연으로 할 수 있는 모든 것을 해주었다. 생일축하 노래로 워밍업을 한 뒤 '산토끼'를 2절까지 낭랑하게 불렀다. 요즘 유치원에서 배우고 있다는, 한글을 몸짓으로 표현하는 동작까지 길게 보여주어 고맙기 그지없다. 어린아이가 있는 풍경은 무조건 힐링이다.

30분쯤 있다가 애들은 점심 먹으라고 내려보내고 나는 1시간쯤 더 머물렀다. 면회실이었다면 그리 오래 있기 어려운데 엄마는 제일 구석진 병실로 밀려났다. 그날 콧줄을 한 모습을 처음 뵈었다. 경직이 진행되어 음식을 삼키지 못해 코로 유동식과 약을 흘려보낸다. 그러니 최소의 영양 공급은 될지 몰라도 미각을 느끼지 못한 지 2주일쯤 된 때였다.

그날 엄마는 완전히 정상이어서 혀가 말려 발음이 잘 안 되지만 의사소통이 가능했다. "말이 안 돼" 하며 안타까워하고, 내가 일어나려 하자 "더 있다 가"라고도 하셨다. 더 있다 가라니… 3년 동안 면회 다니며 처음 들어 본 말에 화들짝 놀란 가슴은 그다음에 한 말에 무너져 내리고 만다. 엄마가 무슨 말인지 서너 번을 반복했는데 웅얼거리는 소리로만 들리고 알아듣지 못해서 귀에 대고 반문했더니 "김밥 사 와"로 고쳐 말한 것이다.

애들하고 김밥집 얘기를 한 뒤였다. 요양원 앞 김밥집이 맛있더라고 하자, 아들이 손녀에게 먹일 게 뭐가 있을지 물어 몇 마디를 나눈 터였다. 엄마가 우리 대화를 다 알아들은 것이었다. 그렇다면 '이응'이 많아 웅얼거린다고 생각했던 발음은 '요양원'이었을 것이다. 맥락으로 보아 "요양원에서 밥을 안 줘"라는 말 말고 다른 내용이 나올 수 없는 상황에 눈물이 쏟아졌다. 이렇게 상황에 맞춰 바꿔 말할 수도 있는 분을 구석진 방에 '처박아' 두다니, 내 맘대로 음식도 먹을 수가 없는 처지가 되다니, 너무 불쌍하고 죄송하고 어이가 없어서 도망치듯 서둘러 나올 수밖에 없었다.

그 장면은 엄마가 요양원에 가신 이래 가장 가슴 아픈 장면 중 하나인데 지금 쓰다 보니 그조차 아련한 추억이다. 그때는 현존하는 엄마와 이야기를 나눌 수 있었으니까.

시설에 가시기 직전 한정된 문장을 도돌이표처럼 반복하실 때의 일이다. 끼니때만 되면 "조금만 줘. 대충 먹자"라고 하시기에 한번은 내가 "그 말씀도 하도 들으니까 질리네요"라고 대꾸한 적이 있다. 맹세코 짜증은 내지 않았다. 더러 짜증도 내지만 그날은 웃으며 대화를 시도했는데 잠시 침묵하던 엄마가 머뭇거리며 말했다.

"그것도, 엄마가 살아 있으니까 …."

이미 주눅이 들 대로 든 엄마가 무슨 말이든 자신에 대한 평가로 받아들인 것이다. 이런 장면을 돌아볼 때 나는 '사무친다'는 말이 무슨 뜻인지를 알게 된다.

할 수만 있다면 그 장면으로 돌아가서 주눅 든 엄마의 어깨를 만져드리고 싶다. 환하게 웃으며 누누이 일러드리고 싶다. 나쁜 뜻으로 한 말이 아니라고, 엄마가 살아 있어서 티격태격도 할 수 있는 것 잘 알고 있다고, 그 순간만이라도 엄마의 마음이 편안하도록 매만져드리고 싶다.

엄마가 순식간에 '없음'의 영역으로 사라진 것이 도저히 믿기지 않는다. 그렇다 하더라도 인간의 운명을 받아들인다면 엄마의 생애는 나쁘지 않았으니 1인분의 엄정한 과제-생애를 마치는 시점이 마냥 슬프기만 할 수는 없었다.

내가 각별하게 기억하고 있는 죽음의 장면이 있다. 일본의 사진가요 활동가인 후지와라 신야의 이야기이다. 그는 내가 알고 있는 작가 중 최고의 풍운아이다. 《인도 방랑》, 《티베트 방랑》, 《아메리카 기행》 등을 썼다. 2011년 발생한 대지진 현장으로 생수와 채소를 싣고 달려간 이래 시민운동 단체를 꾸려 방사능 유출 문제를 놓고 정부를 몰아쳤던 활동가이기도 하다.

사실 '풍운'이라는 말은 먹물인 그보다 타고난 '마초'였던 그의 아버지에게 더 잘 어울린다. 야쿠자 출신에 만주로 건너가 호텔업을 하다 도박으로 말아먹고, 일본으로 돌아와 여관업으로 성공했으나 시대가 변하면서 또 파산했다는 그의 아버지. 그런데 이야기는 여기서부터가 진짜다.

아버지는 절대로 무력하게 남아 있을 위인이 아니었다. 유명한 온천지인 벳푸에서 숙박업소 삐끼로 전향한 것. 손님을 소개해 주면 여관 측에서 소개비를 주는데, 크게 여관업을 해본 경륜 덕분인지 손님을 다 끌어가자 하루는 주변의 삐끼들이 74세의 아버지를 협박하기에 이른다. 삐끼 스무 명이 모여 이 일에서 손 떼지 않으면 바다에 처넣겠다고 아버지를 위협했지만 왕년의 야쿠자는 눈도 깜박하지 않고 "도나도세!(마음대로 해) 하고 외쳤다고 한다. 위풍은 당당했지만 현실적으로는 매우 위험한 상황이었다.

그때 "아니, 후지와라 대장 아닙니까?" 하는 말이 들렸다. 삐끼들 중에 아버지처럼 여관을 경영하다 전락한 사람이 있었던 것. 그 덕분에 위기를 모면한 아버지는 삐끼 조합에 가입하게 된다. 단 너무 많은 손님을 혼자 끌고 가지 않겠다는 조건으로.

그 아버지가 99세에 사망할 때 신야는 아버지가 마지막에 웃었으면 좋겠다는 생각에 카메라를 들이대고 "아버지, 자, 치즈"라고 했다고 한다. 그랬더니 아버지가 미소를 지어주었다고. (후지와라 신야, 김윤덕,《겪어야 진짜》) 이 장면에서 그 아버지의 삶이 손에 잡힐 듯 가깝게 느껴지며 마음이 차오르는 기분이었다. 저잣거리의 총아였던 그이가, 마음을 연구하는 어떤 학자나 종교인보다도 설득력 있는 메시지를 보냈고, 나는 그것을 마음에 간직했다. 세상에 태어나 괄목할 만한 성공을 거두진 못하더라도 내 삶의 주인으로 살다가 여한 없이 떠나자고.

이제 나는 감히 꿈을 세운다. 엄마의 마지막 길을 동행하고 나니 죽음을 꼭 겪어 본 것만 같다. 돌아보면 허점이 숭숭 뚫린 돌봄이었지만 그래도 진심으로 임한 만큼 파급력이 크다. 죽음은 내가 태어난 것만큼이나 우연이고 자연이니 너무 두려워하지 말아야겠다. 점점 할 수 있는 일이 축소되고 무력감을 느낄 때도 많겠지만 너무 오래 좌절하지는 말아야겠다. 할 수 없게 된 일보다 할 수 있는 일에 집중하며 아직 남아 있는 햇살을 온전히 누리는 데 힘써야겠다. 마침내 마지막 순간에 좋은 소풍이었다고 씩 웃으며 사라질 수 있기를 꿈꾸며 늘 마음을 비우리니, 그것만이 엄마를 보내고 얻은 잔인한 수업인 것이다.

우리는 죽을 것이다. 그 점 때문에 우리는 행운아다. 사람들이 죽지 않는다면 아마 태어나지 않아서일 것이다. 내 자리에 대신 올 수도 있었던 이들은 아라비아 사막 모래보다 많은 햇살을 절대 보지 못할 것이다. _리처드 도킨스(로버트 판타노, 《다만 죽음을 곁에 두고 씁니다》에서 재인용)

> 함께 읽고 싶은 책

삶에는, 그리고 죽음에도 이게 전부야!

미치 앨봄, 《모리와 함께한 화요일》 |
아툴 가완디, 《어떻게 죽을 것인가》 | 폴 칼라니티, 《숨결이 바람 될 때》

엄마가 돌아가시고 제일 먼저 생각난 책이 《모리와 함께한 화요일》이었다. 이 책을 몇 년마다 한 번씩 서너 번째 읽는데도 여전히 감탄스러웠다. 아니 전보다 더 세심하게 가슴을 파고들었으니 죽음이 성큼 다가온 탓이다. 전에는 죽음이란 것을 머리로 알고 있었다면 이제는 가슴을 강타하는 '실제 상황'이다.

이 책이 세계적인 베스트셀러가 된 데에는 다 이유가 있었다. 진심은 어려울 필요가 없다. 독자가 공감하기 좋으려면 글을 읽으며 그림이 그려져야 한다. 평이한 문체 속에 모리가 살아서 움직이는 것 같았다. 춤추는 것을 좋아하던 건

강할 때의 모습은 물론이고, 자신의 죽음을 질료로 해서라도 남은 사람들에게 인생의 의미를 전달하고자 애쓰는, 뼛속까지 스승인 이의 모습이 생생하다.

이 책을 쓴 미치 앨봄은 모리의 애제자였다. 아들이 둘이나 있는 모리 교수가 미치를 아들로 삼고 싶다고 말할 정도로 둘은 코드가 맞았다. 그럼에도 미치는 졸업 후 16년간 스승을 찾지 않은 채 세속에 물들어 살았다. 그런 미치가 우연히 루게릭병에 걸린 모리가 나온 TV를 보고 스승을 찾아오면서 이야기는 시작된다. 남들 사는 대로 바쁘게 돈과 성공을 위해 휘달리며 사는 미치에게 모리가 묻는다.

마음을 나눌 사람을 찾았나?
지역 사회를 위해 뭔가 하고 있나?
마음은 평화로운가?
최대한 인간답게 살려고 애쓰고 있나?

이 부분은 몇 번이나 반복되며 강조되는데, 어떤 철학자가 세상 어려운 개념을 갖고 와서 벽돌만큼 두꺼운 분량으로 설파한대도 이 이상으로 핵심을 전달할 수 있을까. 사회심리학자였던 모리는 강한 탐구심에 낙천적인 성격과 모든 것을 다 주고 가고 싶다는 종교성과 선생다움의 총합에 의해 죽음까지 뛰어넘은 듯하다. "날 너무 오래 태우지 않는지 자네가 확인해주게." 죽음을 두고 농담까지 해서 랍비를 놀라게 하는 모리가 꼬마할아버지 성인 같다.

'죽을 때 후회하는 것들' 이런 류의 책을 보면서 내게 미흡한 것은 언제나 한 가지였다. 관계성! 그 책들은 대개 나 자신을 보살피는 것을 우선하여 남의 삶을 살지 말라는 내용을 강조하는데, 나는 천진난만한 자기 중심성을 타고난 터라 배우지 않아도 그렇게 살아왔기 때문이다. 사람마다 필요한 관계성의 수치가 다른지, 나는 거의 혼자 지내도 불편하지 않다. 그러나 이제 분명히 안다. '혼자 한 일은 기억, 여럿이 한 일은 추억'이라는 말처럼 모든 기회와 의미는 사람들에게서 나온다는 것을.

사랑하는 사람들을 위해서 자신을 바쳐라. 자기를 둘러싼 지역 사회에 자신을 바쳐라. 그리고 자기에게 목적과 의미를 주는 일을 창조하는 데 자신을 바쳐라. 거기엔 돈 따위가 끼어들 틈이 없다는 걸 알겠지? …
인류 대가족에 관심을 가지라고. 사람들에게 애정을 쏟게. 자네가 사랑하고 자네를 사랑하는 작은 공동체를 세우란 말일세.

나는 운 좋게도 고 구본형 선생님을 통해 이런 라이프스타일을 직접 접했다. 평생에 걸쳐 더 잘하고 싶은 일을 만나는 것 자체가 커다란 축복이며, 그걸 통해 생계와 사회성을 충족하고, 존재감을 구현하며 사회에 공헌하는 만족감까지 누릴 수 있으면 최고라고 생각해왔다. 젊어서는 죽으면 끝이지 뭐가 남느냐는 식으로 냉소적이었다면 나이 들수록 내가 무엇을 남기고 어떤 모습으로 기억될지에 마음이 쓰인다. 결국 세상에 무엇이든 주고 싶어진다는 얘기이다.

모리는 자신의 죽음을 마지막 프로젝트로 삼고자 했다.

죽을병에 걸렸다고 해서 꼭꼭 숨어 고통이나 자기연민에 함몰되지 않고, 마지막 순간까지 자기가 할 수 있는 일을 수행했다. 그는 죽음에 대한 토론팀을 만들고, TV에 죽어가는 모습을 공개하며 자신을 빌미로 죽음을 배우자고 호소했다. 사제 간의 대화를 책으로 내자는 제안도 모리가 했다고 한다. 마침내 그는 이야기 속에 영원히 살아남은 전범이 되었다.

죽는 것은 자연스런 일이야. 우리가 죽음을 두고 소란을 떠는 것은, 우리를 자연의 일부로 보지 않기 때문이지. 인간이 자연보다 위에 있다고 생각하니까.

가임기의 여성이 매달 겪는 생리가 달의 주기와 똑같다는 사실에 전율한 적이 있다. '월경'이라고 부르면서도 그게 어떤 의미인지를 피부로 느낀 것은 중년이 넘어서이다. 사람도 자연이라는 것을 반박할 수 없는 증거에 나는 소름 끼치게 놀랐다. 마찬가지로 사람의 몸에서 이런저런 성분이 빠지면 흙과 같아진다거나 소변에서 여러 성분을 빼면 바닷

물과 같다는 주장이 위로가 된다. 체념할 수 있는 용기를 주어 조금이라도 죽음을 받아들이게 되니까.

죽게 되리란 사실은 누구나 알지만, 자기가 죽는다고는 아무도 믿지 않지. 만약 그렇게 믿는다면 우리는 다른 사람이 될 텐데.

결국 핵심은 이것이었다. 죽음은 너무도 당연하고 세상에 만연한 것인데 살아 있는 자 중심으로 돌아가는 세상에서는 철저하게 은폐되어 있었다. 나는 엄마의 죽음을 겪으며 꼭 사기당한 것 같았다. 삶의 끝에 죽음이 있다는 것을 알고 있고 3년에 걸쳐 엄마가 완만하게 사위어 가는데도 나는 죽음을 몰랐다. 가까운 이를 죽음으로 떠나보낸 뒤에 어떤 감정이 드는지를 몰랐다. 전에 아버지의 죽음을 겪긴 했지만 그때는 내가 40대 초 한창때여서 그랬나 이렇게 절절하지 않았다. 사람이란 가장 소중한 사람의 죽음조차 나의 경우로 치환할 때에만 겨우 느낄 수 있는 동물인가 보다.

나는 이어서 《어떻게 죽을 것인가》도 읽었다. 책과도 궁합이 있는지 이 책이 출간된 직후 곳곳에서 부딪혔는데 책이 말을 걸어오는 느낌이었다. 언제고 읽겠다고 생각했지만 책을 펼치기가 두려웠다. 가까이하면 안 될 것 같은 음험한 분위기를 가진 사람 보듯 하다가 더이상 미룰 수 없다는 것을 깨달았다. 마침내 죽음을 정면으로 다룬 책을 읽게 된 것이다. 직설적인 제목에 비하면 책은 아주 잘 읽혔다.

그는 내부자로서 의료계가 죽음을 대하는 방식에 맹공격을 해댄다. '뭔가를 하라, 뭔가를 고쳐라, 이 상황에서 벗어날 방법을 찾아라.' 위급한 환자를 대하는 의사들의 행동방식이 거의 자동 모드에 가까우며 치료에 집중하느라 환자가 원하는 것에는 일말의 관심도 없다고 한다. 이런 분위기는 말기 환자에게 치명적이라 끝까지 기계적인 인공호흡, 전기적 심폐 소생술, 심장 압박 치료 등의 집중 치료를 받을 경우 마지막 일주일에 경험하는 삶의 질이 훨씬 나빴다고 한다. 환자 사망 6개월 후 그를 돌봤던 사람들이 우울증을 겪을 확률도 세 배나 높았다.

완화치료 쪽이 훨씬 나았다. 완화치료 전문가들과 상담한 환자들은 화학 요법 치료를 더 일찍 중단했고 삶의 마지막 순간을 덜 고통스럽게 보냈다. 생존 기간도 25%나 늘어났다. 호스피스 케어를 받은 경우도 마찬가지였다. 중환자가 일상적인 걱정거리를 상담할 기회를 갖게 된 것만으로 병원 이용률이 뚝 떨어졌다. 그저 이야기를 나누는 것만으로도 말이다. 생을 어떻게 마감할 것인지에 관한 대화가 실험 의약품이었다면 FDA(미국 식품의약국)는 이 약을 승인했을 것이라고 저자는 쓰고 있다.

저자의 관심은 완화치료, 호스피스를 넘어 노인의 삶 전체로 확대된다. 저자의 할머니 앨리스는 요양원에 감금되어 있는 것 같은 느낌이 든다고 했다. 늙었다는 죄로 감옥에 갇힌 것만 같았다. 어느 요양원에서든 노인들이 원하는 삶을 살 수 있도록 도와주는 건 고사하고, 그들 옆에 앉아 지금 주어진 상황에서 어떤 삶을 살기를 원하는지 묻는 사람조차 거의 없었다.

요양원의 가장 유력한 대안으로 남아 있는 것은 가족이다. 피할 수 있는 가능성은 자녀의 수와 직접적인 관련이 있다. 그다지 많은 연구가 진행된 것은 아니지만 딸이 한 명이라도 있으면 도움을 받는 데 결정적인 역할을 하는 것으로 드러났다.

우리가 피부로 느끼는 상황을 언급한 대목이 나오고, 거의 '아이디얼 타입'에 가까운 노후도 나온다. 82세까지 일하다 은퇴한 노인병 전문가 실버스톤 박사는 90대가 될 때까지도 아내를 직접 돌본다. 아내가 쓰러져 두 다리에 깁스를 한 6주만 요양원에 있게 하고 다시 집으로 데려온다. 아내의 습관과 취향을 전혀 모르는 간호사에게 맡겨두고 싶지 않았기 때문이다. "나는 아내를 돌보기 위해 있는 사람이에요. 그게 아주 기뻐요." 하늘의 축복을 받아야만 누릴 수 있는 인생이 아닐까. 집으로 돌아온 지 4일 후 아내는 세상을 떠난다.

가족이 아니라도 혼자 일상을 꾸려 나갈 수 있는 한 만족스럽게 살아가는 사례도 나온다. 루 할아버지는 76세에 혼자 되었지만 10년간 행복하게 지냈다. 신문과 산책, 도서관과 마트, 영화와 음악과 카드게임이 위안이 되어 주었다. 시내 비디오 가게에서 일하는 20대 이란 청년과 친구가 되어 둘이 라스베이거스로 여행을 가기까지 했다. 이 부분에서 기분 좋은 영화를 보듯 입꼬리가 올라간다. 이런 루 할아버지도 85세에 심장마비를 일으키고 88세부터 넘어지기 시작한다. 이제 저자의 시선은 요양원이 아닌 '노인을 위한 생활지원 주택'으로 넘어간다.

어느 분야에나 혁신가는 존재한다. 요즘 우리나라에서도 은퇴자 전용 아파트 개발이 한창이지만 거의 영리 목적인 듯한데 이 책에는 인간의 자율성과 주도성을 연장시켜 주고 싶어 하는 활동가가 많이 나온다. 그러면서 저자는 안락사까지 언급한다. 소프트한 문장이지만 저자의 연구는 모든 것을 망라하고 있다. 스위스가 널리 알려져 있지만 그밖에 네덜란드, 벨기에, 미국의 오리건주 워싱턴주 버몬트주에서도 안락사 처방이 가능하다. 2012년 네덜란드인 사망자 35

명 중 1명이 안락사를 선택했다고. 안락사까지 인용하기에는 내 안에 거부감이 들지만, 네덜란드에서는 그 선택지가 있어서인지 완화치료 프로그램을 개발하는 데 뒤처져 있다는 사실은 흥미롭다.

나이 들어 병드는 과정에서는 두 가지 용기가 필요하다. 하나는 삶에 끝이 있다는 현실을 받아들일 수 있는 용기다. 이는 무얼 두려워하고 무얼 희망할 수 있는지에 대한 진실을 찾으려는 용기다. 그다음, 우리가 찾아낸 진실을 토대로 행동을 취할 수 있는 용기다.

저자 아툴 가완디는 이 방대한 저작을 인도인 이민자였던 아버지의 죽음으로 마무리한다. 저자는 미국에서 살다가 여생을 마친 아버지의 유해를 갠지스강에 뿌린다. 가족들은 배에 타고 힌두 성자가 인도하는 대로 유해가 들어 있는 작은 놋쇠 항아리 속에 약재와 꽃, 쌀, 강황 등을 넣고 향을 태운다. 성자는 컵에 강물을 담아 저자에게 작은 수저로 세 번

마시게 한다. 저자는 갠지스강을 성스럽게 여기기보다 세계에서 가장 오염된 강 중 하나라는 데 더 신경이 쓰였다. 그래서 갠지스강의 박테리아 지수를 미리 확인해서 적합한 항생제를 먹고 갔다고 한다. 그럼에도 아버지를 위해 그렇게 해드릴 수 있어 감사했고, 모든 경험에 감동했다고 한다.

> **그토록 오랫동안 사람들이 의식을 치러온 그곳에서 나는 아버지가 우리보다 훨씬 큰 무언가와 연결되었다는 느낌을 가질 수 있었다. … 나는 넘실거리는 강물 위에서 수많은 세대가 손을 맞잡고 연결돼 있다는 느낌을 갖지 않을 수 없었다. 아버지는 우리를 그곳에 데려감으로써 자신이 수천 년을 거슬러 올라가는 이야기의 일부분이고, 우리도 그렇다는 사실을 이해할 수 있게 해주었다.**

세계에서 가장 유명하고 가장 성스러운 동시에 가장 비위생적인 장례의식을 보며, 저자도 아버지를 통해 죽음을 가깝게 느끼기 시작한 것은 아닐까 생각해 본다. 그는 윤리

학과 철학을 공부한 뒤에 의학에 들어섰다고 한다. 죽음조차 치료할 수 있다는 듯 오만한 의료계의 군림을 객관화해서 본다든지, 모든 예화에 감정이입하여 스토리텔링하는 솜씨가 인문학적 기반 덕분인가 보다.

이 책에는 '이야기'에 주목하는 언급이 몇 번이나 나온다. 사람들이 끝까지 주도적으로 남기를 바라는 것은 자신의 인생 이야기를 자기가 원하는 방식으로 마치고 싶기 때문이라는 식이다. 나도 깊이 동의한다.

자신의 인생 이야기를 스스로 써 내려간다는 건 그 상황에서 무슨 일을 할 수 있는지 제어할 힘을 갖고 있다는 걸 의미한다.

부모의 죽음은 인생에서 가장 큰 사건이자 고통이지만 그를 통해 임사체험을 하는 것은, 나에게는 기회일 수도 있다. 부모의 죽음 이전에 자기 자신의 죽음에 맞닥뜨려야 하는 경우도 적지 않으니까.

전도유망한 신경외과 의사가 폐암으로 죽어가며 쓴 책 《숨결이 바람 될 때》를 보며 깊은 감동을 받았다. 저자 폴 칼라니티도 문학과 의학을 동시에 이해하는, 흔치 않은 '전체적인' 인간이다. 저자는 삶과 인간을 총체적으로 이해하기 위해 학부에서 영문학을 마치고 의과대학원으로 진학한다. 불과 15개월 후면 신경외과 교수가 될 수 있는 레지던트 7년 차에 폐암 선고를 받는다. 36세였다.

재앙(disaster)이라는 단어의 어원은 부서지는 별을 의미하는데, 신경외과의의 진단을 들었을 때 환자의 눈빛이 바로 그렇다.

그 역시 그의 환자들이 대면했던 재앙에 부딪힌 것이다. 저자는 자신이 가진 문학적 재능과 의학적 지식을 모두 발휘하여 얼마 남지 않은 지상의 숨결을 기록한다. 시체 해부나 첫 수술 참관으로 태아를 본 장면에 대한 묘사 같은 것은 문학이 얻은 귀한 경험일 것이다. '멜론같이 생긴 자궁'과

'복숭아빛을 띤 익숙한 뇌 주름'을 직접 본 문필가는 드물기 때문이다.

"죽음을 이해하고 싶었던 청년에게 불치병은 완벽한 선물이 아닌가?" 이렇게 말할 수 있는 그의 초탈은 문학에서 왔을 것이다. "내 삶의 모든 문장에서 주어가 아닌 직접 목적어가 된 기분, 거꾸로 돌리는 크리스마스 캐럴에 갇힌 기분" 속에서도 그는 이 책을 썼다. 암 선고 후 22개월 만에 사망하기까지 다시 수술실로 복귀했다가 암이 전이되어 물러나는 부침을 겪는다. 화학치료를 받기 전에 냉동해 두었던 정자로 딸을 낳아 지극한 기쁨을 누리던 귀한 시간을 글쓰기에 할애한다. 마무리를 못하고 눈을 감으면서도 어떻게든 이 책이 출간되기를 바랐다고 한다. 결국 책의 마지막은 아내가 쓴다.

석 달이 남았다면 가족과 함께 시간을 보낼 것이다. 1년이라면 책을 쓸 것이다. 10년이라면 사람들의 질병을 치료하는 삶으로 복귀할 것이다. 우리는 한 번에 하루씩 살 수 있

을 뿐이라는 진리도 별 도움이 되지 않았다. 그 하루를 가지고 난 대체 뭘 해야 할까?

나는 저자가 모래시계처럼 줄어드는 시간에 책을 쓴 것이 너무 가슴 아프다. 비통하고 억울한 마음을 일러바치듯 써 내려갔을 그의 마음이 느껴진다. 그도 오직 이야기만이 살아남는다는 사실을 알고 있었던 것이다.

명랑하고 겸허하지만 세상 사람들에 대한 애정으로 가득 찼던 모리는 그 사랑의 크기만큼이나 파급력이 큰 이야기로 남았다. 아툴 가완디가 전문성을 바탕으로 더 의미 있는 삶을 위해 분투하는 이야기는 현재진행형이다. 그토록 맹렬하게 삶을 흡입하고 탐구하고자 했던 폴 칼라니티가 죽어가며 간절하게 바란 것은 8개월 된 딸이 자신의 얼굴을 기억할 때까지만이라도 살아 있는 것이었다.

죽음은 이론이 아니라 행위라고 생각한다. 그래서 죽음에 대한 공부를 많이 하진 않았지만 이 정도 이야기만으로도 내가 달라지는 것이 더 중요하다고 생각하게 되었다. 그동안 살아온 적지 않은 세월에 의해 말할 수 있다. 이 책들이 죽음 이야기를 하면서 사실은 삶에 대한 이야기를 하고 있음을, 그리고 그것이 거의 전부임을. 이제 내가 이 질문에 대답할 차례이다. 그것이 살아남은 자의 책무이다.

뇌는 우리가 겪는 세상의 경험을 중재하기 때문에, 신경성 질환에 걸린 환자와 그 가족은 다음과 같은 질문에 답해야 한다. '계속 살아갈 만큼 인생을 의미 있게 만드는 것은 무엇인가?'_《숨결이 바람될 때》에서

❖ 참고 도서

김난희, 《천 일의 순이-치매 엄마의 죽음 맞이》, 북치는소년, 2021

김영롱, 《우리는 서로의 얼굴을 오래 보았다》, 웅진지식하우스, 2024

김영옥, 《흰머리 휘날리며, 예순 이후 페미니즘》, 교양인, 2021

김이경, 《애도의 문장들》, 서해문집, 2020

로버트 판타노, 《다만 죽음을 곁에 두고 씁니다》, 자음과모음, 2021

리베카 솔닛, 《멀고도 가까운》, 반비, 2016

리사 제노바, 《내 기억의 피아니시모》, 세계사, 2009

린 틸먼, 《어머니를 돌보다》, 돌베개, 2023

미치 앨봄, 《모리와 함께한 화요일》, 세종서적, 1998

박희병, 《엄마의 마지막 말들》, 창비, 2020

비비언 고닉, 《사나운 애착》, 글항아리, 2021

사노 요코, 《시즈코 상》, 펄북스, 2016

소피 카르캥, 《글 쓰는 딸들》, 창비, 2021

신소린, 《엄마는 죽을 때 무슨 색 옷을 입고 싶어?》, 해의시간, 2020

아툴 가완디, 《어떻게 죽을 것인가》, 부키, 2015

양정훈, 《엄마의 마른 등을 만질 때》, 수오서재, 2024

윌 슈발브, 《엄마와 함께한 마지막 북클럽》, 21세기북스, 2012

이경희, 《에미는 괜찮다》, 삶이 보이는 창, 2012

이아림, 《요가매트 만큼의 세계》, 북라이프, 2018

최현숙, 《두려움은 소문일 뿐이다》, 문학동네, 2023

최현숙, 《작별 일기》, 후마니타스, 2019

폴 칼라니티, 《숨결이 바람 될 때》, 흐름출판, 2016

한귀은, 《이토록 영화 같은 당신》, 앨리스, 2010

후지와라 신야/ 김윤덕, 《겪어야 진짜》, 푸른숲, 2014

엄마에게 가는 길
— 엄마의 마지막을 함께하며 시작된 인생 수업

초판 1쇄 발행 2025년 7월 1일

지은이	한명석
펴낸이	문채원

펴낸곳	도서출판 사우
출판	등록 2014-000017호
전화	02-2642-6420
팩스	0504-156-6085
전자우편	sawoopub@gmail.com

ISBN 979-11-94126-07-2 03810